弱火コントロールで

絶対失敗しない料理

水島弘史

HIROSHI MIZUSHIMA

幻冬舎

はじめに

皆さん！　毎日おいしいものを食べていますか？　この本を手にされた方はきっとおいしいものがつくれるようになりたいと思っておられる方だと私は思います。

毎日の仕事や生活に追われるなかで、おいしいものをつくるというのは大変なことですから、少しでも簡単に、短時間でつくりたいと思いますよね。その気持ちはとてもよくわかるのですが、料理とは本来、手間のかかるものです。おいしくつくるにはそれ相応の手間がかかり、その方法には必ず理由があります。その手間のかけ方を間違うから、料理は失敗してしまうのです。

この本の大きな特徴は、皆さんが読んで「あっ、私もこんな失敗、経験がある」と共感していただくことがひとつ。そしてその失敗に対して何がいけなかったのか、ではどうすれば良いのかを、よくつくる日々の料理にちりばめてご紹介していることがもうひとつです。この「ではどうすれば良いか」を科学的調理に基づいて知れば、料理は失敗しなくなりますし、かけなければいけない手間を正しくかけることができれば、本当においしい料理がつくれるようになります。

各材料、調味料の分量が細かく記載されているので、最初は量ることが面倒に思うかもしれません。しかし、その面倒を繰り返すことで皆さんのなかに量感が養われます。この本の料理を、一つひとつ丁寧に読んで、つくってみてください。そうすればきっと、いつでもおいしい料理がつくれるようになるはずです！

では、始めましょう！

2015年　7月

水島　弘史

弱火コントロールで絶対失敗しない料理

Chapter 3 煮るのって案外難しい！……62

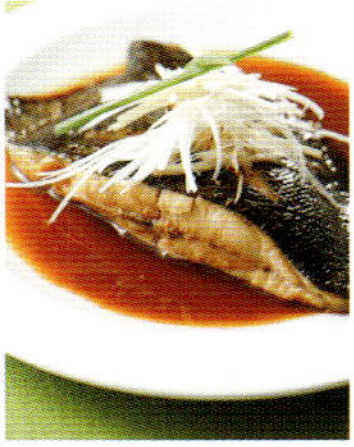
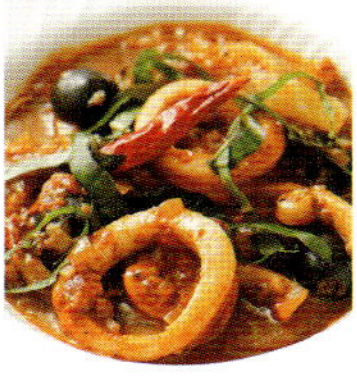
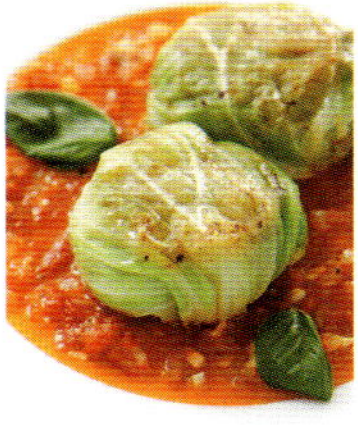
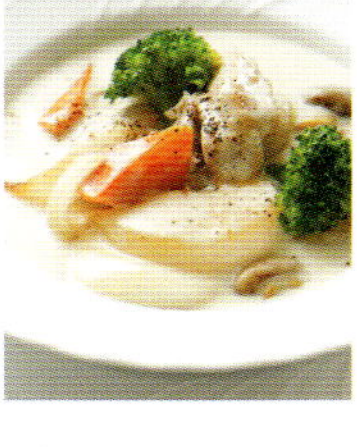
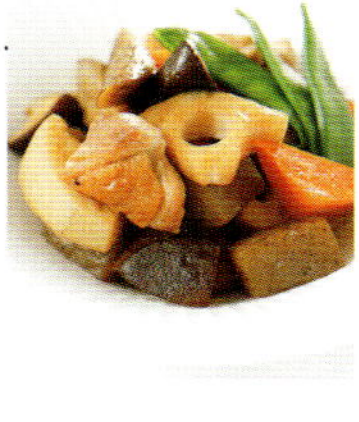

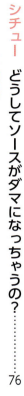

Chapter 4 みんな大好き！ 揚げ物……90

本書の使い方

本書は概ね３つのパーツで構成されていますが、
料理によってはパーツが２つの場合もあります。
また同理論の料理は複数のレシピを掲載しています。

●失敗の原因と水島流レシピ

テーマになっている料理に対する、質疑応答です。

どうして
すべての具材に均一に火が入らないの？
野菜炒め

野菜炒めの成功のポイントは、豊富な具材のすべてに味と火が均一に通っていること。そのうえ、シャキシャキとした歯ごたえがあれば最高！　まずはフライパンの火のまわり方を覚えましょう。

Q 付けあわせに必ずといっていいほど登場するのが、野菜炒めです。わが家ではおそらく、食卓に上る頻度ナンバー1ですが、いつも「これでいいんだろうか」と不安に感じながらつくっています。正解がわかりません。

A 実は野菜炒めは非常に大切な料理です。具材の切り方や加熱方法、調味に至るまで、料理の基本を知らないと、失敗してしまうファクターが目白押し。いい換えると、野菜炒めをマスターすれば、料理の基本は押さえたということにもなります。

Q がんばります。まず、教えてほしいのが、仕上がりがいつも一定ではない原因です。水っぽく仕上がってしまったり、にんじんだけがかたかったり。

A すべての具材を均一の大きさに切ることがひとつ目のポイントです。その際、力を入れて切ったり、包丁を手前に引きながら切ったりすると、細胞をつぶしてしまうため、水が出やすくなります。野菜の切り方は66ページ以降で詳しく説明しています。そちらも参考にしてみてください。また、にんじんなどの根菜を一緒に炒める場合は、下茹でが必要になります。つまり、炒める前の段階で素材のかたさをそろえておくことが大切なのです。肉も同様。下準備が整った具材を、調味料で炒めあわせるという考え方が正解です。

Q なんとなくカッコよくて、フライパンをザッと振ってしまいます。これができると料理上手だと思いこんでいました。

A 料理道具によって、火のまわり方は違います。中華料理店のガス台は炎が大きく、中華鍋の底は丸いため、上部に輻射熱が生まれます。そこに向かって具材を振ることで火を通しますが、家庭のフライパンとガス台ではそうはいきません。底が平らで火のまわりは均一ですから、温度を一気に上げないことが大切なのです。

具材の大きさがバラバラ
肉が縮む

肉と野菜、根菜などを、すべて一緒に火を通して調味しようとすると、仕上がりにムラが出ます。

44

ポイント

水島先生が一つひとつ丁寧に解説！

なぜその料理が「失敗してしまう」のか。実際に料理教室に寄せられる悩みなどのなかでも、とくによくあるものをピックアップして、先生に直接インタビューしました。まずは失敗の原因を探ります。

ポイント

失敗例と水島流成功レシピを目で見て比較できる！

Q&A の下に掲載している料理写真は、右側がよくある失敗の例、左側が水島流レシピの成功例です。どちらかの写真しかないページもあります。

OK
水島流レシピ

基本を決めてすべてを均一に
もやしを基本に、長さや厚さをできる限りそろえましょう。食べやすく美しい仕上がりに。

下茹でする野菜を決める
野菜炒めでは根菜のほか、アク抜きや色を鮮やかにするために、具材を下茹でします。

調味は具材に火が通ってから
すべての具材に火が通ったら、調味料を入れて、2～3分炒めるか、数分おいてなじませます。

NG
これが失敗の原因！

一つひとつはキレイでも
具材ごとに大きさがまちまちだと、見た目が美しくないだけでなく、食べにくくなってしまいます。

下茹でをしない
さまざまな具材を使う野菜炒めは、下茹でが必須。根菜に火を通すには、時間がかかるからです。

肉は別に下ごしらえを
根菜や葉物に比べて、加熱の影響を受けやすい肉。一緒に調理すると、先にかたくなってしまいます。

45

ポイント

わかりやすい図解で失敗と成功を対比させる

失敗の原因がわかったら、一つひとつ解決していかねばなりません。「どうして失敗してしまうのか」を「どうしたら成功するのか」へ発想を転換し、より成功率の高い料理を習得していきます。

●水島理論

さらに「おいしさのコツ」を理論で+αします。

水島理論

野菜炒め

中華鍋とフライパンでは火のまわり方が違う！

なぜ「家庭の野菜炒めは弱火」なのか？　それは道具と火加減と素材から導き出されたロジックだからです。理由がわかれば、失敗はなくなります。

● 中華鍋 ●

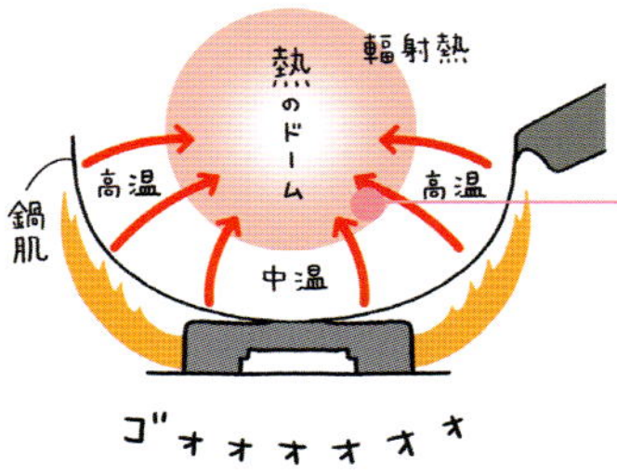

強火でないと火がまわらない

強火にすることで鍋底ではなく側面が熱くなるため、輻射熱によるドームができます。
具材をこの熱ドームにくぐらせるためには鍋を振るテクニックが必要です。

鍋を“振れる”ことが料理成功の絶対条件

46

ポイント

“水島語録”で極意をつかめ！

理論を射ぬく真実を、水島先生の言葉で表現しています。理論を言葉で理解してから図解へ進み、完璧を目指します。

ポイント

“目で見てわかる”理論を展開

水島流レシピの理解を助けるために、写真やイラストを中心としたさらに細かい説明を用意しています。

●レシピ

いよいよ「絶対失敗しない」料理に挑戦です。

ポイント

絶対失敗しないレシピを掲載

本文の説明を十分に理解したうえで取り組めば、絶対に失敗はありません。書いてあるとおりにつくってください。付け合わせのレシピ、分量は記載しません。

ポイント

量感や色のバランスがわかる

料理をおいしく見せるのに大切な量感や色のバランスがひと目でわかるように、材料写真を用意しています。分量が好みのものや飾り用などについては、分量および材料写真には記載のないものもあります。また、サラダ油は特別に記載のない場合は適量となります。

シャキシャキ感がおいしさの決め手

野菜炒め

つくり方

1 もやし以外の野菜は5mm幅の細切りにし、豚肉は7mm幅の棒状に切る。
2 沸騰させた湯で、にんじんを中火で2分茹でて湯切りする。
3 フライパンにサラダ油をひいて豚肉の小片を入れ、弱い中火にかける。焼き色が付いたら残りの豚肉を加えて生っぽい部分がなくなるまで焼く。
4 別のフライパンにすべての野菜とキクラゲを入れてサラダ油をまわしかける。混ぜあわせたら弱火で炒める。
5 ときどき上下を返すようにしながら約8分炒め、豚肉、酒、塩を加えて弱火でさらに2分炒める。
6 仕上げは強火にして、しょう油とごま油を加えて20秒加熱する。
7 こしょうを振って全体を混ぜあわせたら皿に盛り付ける。

材料（2人分）　フライパンの直径18cm

豚肩ロース肉（スライス）	60g	しょう油	小さじ1
にんじん	60g	サラダ油	
もやし	120g	ごま油	小さじ1
キャベツ	60g	こしょう	
赤ピーマン	60g		
ピーマン	20g		
戻しキクラゲ	30g		
酒	8g		
塩	2g		

48

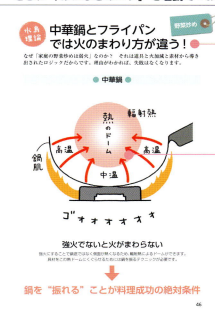

どうして いつも料理に失敗してしまうの？

ふっくら ジューシー、 おしゃれで 旨みタップリ
この違いは 何⁉ どこ⁉
全部？
激ウマ
もちろん 家でつくる料理も 決して失敗では ないと思いますよ
女の敵 脂身カット!!
とおッ
ゲホゲホ
さり
どっ
でも つくり方、 工程には必ず 科学的根拠 があって それを理解して しっかり押さえて いけば絶対に 失敗しません
なるへそー
粉
失敗をするのにも 理由があるのですね
そうです 厳密には 「失敗」では ないのですが、
この本では あえて「失敗」と いわせて いただきます
焦げた
生焼け
ゴメンネ
どうして 失敗するのか 料理の工程には 必ず理論があります それをひとつずつ 理解していきましょう そうすれば
いつもの お料理が グンと 上達しますよ！
よろしく お願いします!!

Chapter 1

まずはスタンダードメニューに挑戦！

材料の入手も調理も簡単な定番料理は、食卓に上る頻度もNo.1。“いつもの料理”を“いつもおいしい料理”に変えるコツ、教えます。

Contents

どうして

中は半生なのに外は焦げちゃうの？

ソテー

パリッと香ばしいチキン、ジューシーで柔らかいポーク、しっとりと美しいサーモン。これこそが、水島流レシピによるソテーの仕上がりです。外は焦げていて中は半生などのよくある失敗には、必ず原因があります。

Q ソテーをするとき、外側が焦げてしまっているのに中は生、という失敗をしょっちゅうしてしまいます。

A 火加減で解決できます。いきなり強火で焼くと、外側はあっという間に焦げますが、中はまだ加熱が進んでいる途中、つまり不十分なのです。弱火でゆっくりと火を通しましょう。

Q チキンは皮目から脂が出ますが、フライパンに焦げ付いてしまいます。

A 脂があるから焦げ付かないというわけではありません。メンテナンスが悪いとフライパンの表面に傷が付きます。そこに素材のたんぱく質が入りこみ、焦げ付きの原因になるのです。フライパンは力を入れてガシガシ洗ってはいけません。たわしもNG。水をたっぷり張って、煮沸洗浄するのが正解です。

Q 中まで火を通すために、肉にフォークで穴をあけたり、長めに加熱したりしたら、うまく焼けますか？

A たんぱく質はかたまると縮むので、穴をあけても意味がありません。調味料を含ませるという意味ではいいかもしれませんが。一方、長時間の加熱は細胞が大きく縮み、水分が奪われて、パサパサしてしまいます。

Q ふたをして蒸し焼きにすると、中まで火が通りますか？

A ふたをして焼くことによって、確かに中まで火が通りやすくなりますが、高温になるため、かたくなるリスクが高くなります。

Q 脂身が苦手な場合、カットする以外に方法はありますか？

A フライパンに多めの油をひき、肉を立てるようにして脂身から加熱していきます。十分に加熱することで、脂身やコラーゲンから余分な脂が落ちていきます。それを最初の油とともに除去することで、大幅に油脂を減らすことができます。

チキンソテーがかたくなる！

強火で調理したためか、ふたをして加熱したことが原因で、肉の水分が出きってしまった状態。

ポークソテーがおわん形に！

急激に火を通したのが原因。脂と筋に切り込みを入れ、弱火で加熱します。

サーモンフレークみたいにパサパサ

長時間あるいは強火の加熱は、細胞が縮んで水分が奪われるため、身がパサパサになります。

OK

 水島流レシピ

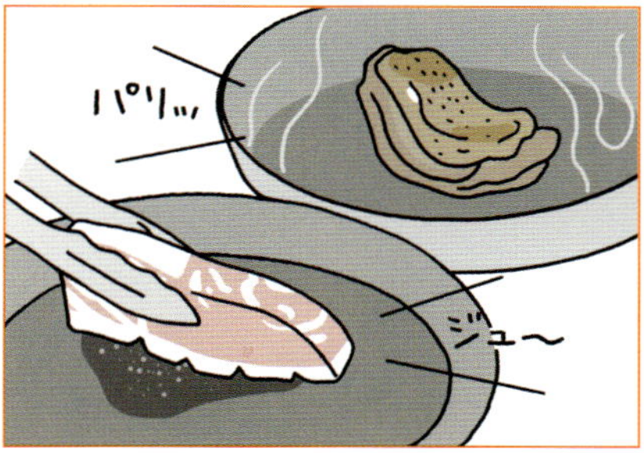

皮目や脂身からしっかりと焼く

脂身は、高温でしっかりと焼けば、臭みが抜けるだけでなく、パリッと仕上がります。

基本は弱い中火で

弱い中火で 180℃まで温度を上げ、それから弱火に落として、その温度を維持して焼きます。

ふたをせず弱火でじっくり

ふたをせずに、水分を蒸発させます。これで外はこんがり、中はジューシーに仕上がります。

NG

これが失敗の原因！

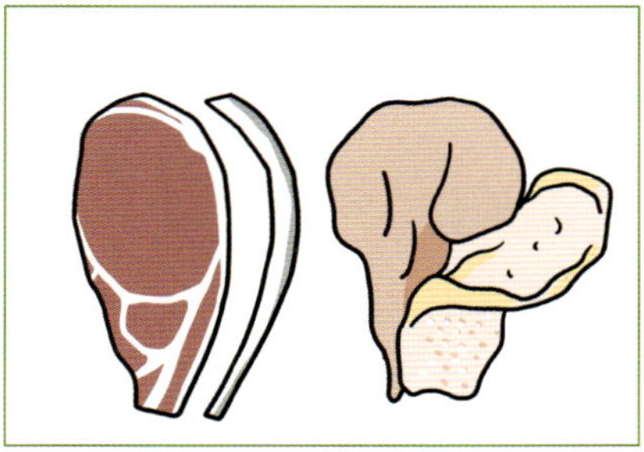

脂身のカットや筋切りのしすぎ

脂身を取ると、素材に一気に火が通ってしまいます。また、筋切りしすぎると水分が抜けます。

はじめから一気に強火で調理

いきなり強火で肉を焼くと、細胞を壊して、水分を外に出してしまうため、かたくなります。

ふたをして焼いてしまう

ふたをすると蒸気で温度が高くなり、素材がかたくなってしまいます。

ソテー

水島理論

たいていの料理は弱火と弱い中火で失敗しない！

料理の出来映えを大きく左右するのは火加減です。この使い分けを知ることで、“そこそこ”の料理が格段においしくなります。

弱火

鍋底にまったく炎が付かない。どんな素材も焦げないので、料理全般で有効です。

弱い中火

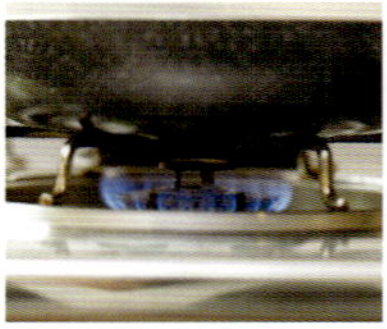

炎がぎりぎり鍋底に当たらない。焼き色を付けたいときに温度を上げるための火加減です。

中火

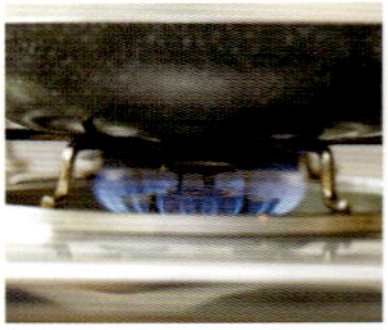

鍋底に火が当たっている。煮詰めたり、焼き色を付けたりするときに使います。

強火

鍋底全体に火が当たっている。湯を沸かすときや焦げ目を付けるときに使います。

弱火×時間経過と素材の変化

開始から

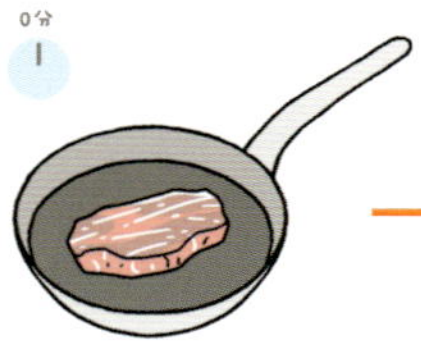

冷たいフライパンに油をひいて、素材をのせてから点火します。素材をのせる前に火を点けると温度が上がりすぎるので注意します。

開始から

シューッと音がしたり、泡が出たりし始めたら、フライパンの表面が100℃を超えている合図です。ここまで30秒か40秒で到達する火加減にしましょう。

開始から

パチパチと音がして脂と水分がはじけてフライパンの外に飛び出し始めたら、180℃に達した合図です。火を弱めて、その状態を維持します。

開始から

お肉の半分くらいの高さまで白っぽくなったら反転し、そこからは2～3分で焼きあがりです。

フライパンから煙が出たら200℃超え
一度火を止めて、料理を中止しよう

素材や調味料を整える前に、フライパンに火を点ける人がいますがこれは失敗の大きな原因です。煙が出始めたフライパンの温度は200℃を超えます。これではどんな素材も焦げるか、かたくなってしまいます。

ソテーの基本中の基本！

チキンソテー

つくり方

1 鶏肉に、重量の0.8%の塩をまぶす。
2 フライパンにサラダ油をひき、皮目を下にして鶏肉を置いて弱い中火にかける。
3 鶏肉から水が出て、パチパチ音がし始めたら弱火にする。
4 アクや油、余分な水分はペーパーで拭き取る。
5 皮に焼き色が付き、側面の半分以上が白っぽくなったら裏返す。ここまでだいたい10～12分くらい。
6 ひっくり返して2～3分、トータルで12～15分くらい焼き、火を止めてこしょうを振る。

材料（1人分） フライパンの直径18cm

鶏肉（もも肉または胸肉）……1/2枚（120g）
塩……鶏肉の重量の0.8%
こしょう
サラダ油

ピリッと香るこしょうが決め手

ポークソテー

つくり方

1 豚肉の脂身は1㎝間隔で切りこみを入れる。

2 フライパンに適量のサラダ油をひいて、脂身が下になるように豚肉を立てて弱火にかけ、脂身が溶け出すまで焼く。余分な油はペーパーで拭き取る。

3 豚肉の重量を量り、その0.8％の塩をまぶす。

4 フライパンの温度が80℃くらいまで下がったら適量のサラダ油と**3**の豚肉を、盛り付けるときに上になるほうから弱火で焼く。横から見て豚肉が半分以上白っぽくなったら、ペーパーで油を拭き取って裏返し、2～3分焼く。

5 フライパンから豚肉を取り出し、強火でフライパンを熱する。豚肉を戻し入れ、焦げ目を付ける。

6 火を止めてこしょうを振ったらできあがり。

材料（1人分） フライパンの直径18cm

豚肩ロース肉（1cm厚さ）……1枚
塩……豚肉の重量の0.8％
こしょう
サラダ油

しっとり美しい仕上がり

サーモンソテー

つくり方

1 サーモンに、重量の0.8%の塩をまぶす。

2 フライパンにサラダ油をひき、皮目を下にしてサーモンを置いて弱い中火で焼く。180℃を超えたら弱火にする。

3 8割程度焼けたらサーモンを裏返して2〜3分焼き、火を止める。

4 仕上げにこしょうを振り、皿に盛ったら完成。

材料（1人分） フライパンの直径18cm

サーモン（切り身）……1切れ（120gくらい）

塩……サーモンの重量の0.8%

こしょう

サラダ油……10g

ムニエル

どうして

バターが焦げて粉っぽくなってしまうの？

ムニエルは「バターの香りがするソテー」のことだと思っていませんか？　ソテーとムニエルは、調理方法が違います。バターの特性を生かしてふっくら柔らかく仕上げる極上ムニエルを、ぜひマスターしてください。

Q　ムニエルをつくると、脂っぽく重い、バター風味の焼き魚になってしまいます。また、バターがすぐに焦げてしまいます。

A　ムニエルとは、ムース状に泡立ったバターのなかでゆっくりと火を通す料理。決してバター風味の焼き魚ではありません。少量のバターを強い火で焼き付ければ茶色くなって当然です。

Q　よくやります！　バターのおいしさを最大限に引き出すにはどうしたらいいのですか？

A　バターは水分を多く含んでいるので、本来、油などに比べると温度が上がるスピードはゆっくりです。その特性を利用して、素材にゆっくりと火を通すことで柔らかく仕上げます。

Q　低い温度のままで素材にしっかりと火を通すにはどうしたらいいのでしょう？

A　まず、皆さんが思っているよりは多めのバターを使って、バターの泡の海をつくります。

ゆっくりと弱火で溶かしながら、バターの温度が上がってきたら、大きめのスプーンでバターをすくってはフライパンに戻す、という作業を続けます。こうすることで、バターが高温になりすぎるのを防ぎます。適温は１２０℃です。素材に火を通すには、この温度で十分なはずです。

Q　粉っぽくなって、焦げたバターがカリカリになってくっ付いてしまうこともあります。

A　粉の打ち方にもコツがあります。ムラにならない粉の打ち方は、22ページで説明します。

Q　ムニエルという調理法に向く素材を教えてください。

A　１２０℃のバターの海で〝泡〟踊りをさせて、魚や肉に火を入れていく調理方法ですから、加熱でかたくなりやすいヒレ肉や胸肉、鶏のささみ、魚だったらカジキなどの白身魚やサーモンなどを柔らかく仕上げるのに適しています。

そもそもの打ち粉の失敗

打ち粉が多い、あるいはムラがあることで、はがれやすく、火が入りづらい原因となります。

火加減だけで大きさに変化が……

強火で一気に焼こうとすると、素材がかたく変化してしまい、ふっくらと仕上がりません。

焼きすぎたほうは中身もパサパサ

しっかり火を通そうとして長時間焼くと、素材が含んでいる水分まで抜けてパサパサに。

OK

水島流レシピ

パフ
パフ
うっすら

刷毛を使って薄化粧に仕上げる

小麦粉は使う分だけ小皿に取り、刷毛を使って、素材に打ち粉します（→ P22）。

Butter
たっぷり!

バターの海でゆっくり泳がせる

溶けたバターをスプーンですくっては落とし、泡立つ程度に温度をコントロールします（→ P23）。

NG

これが失敗の原因！

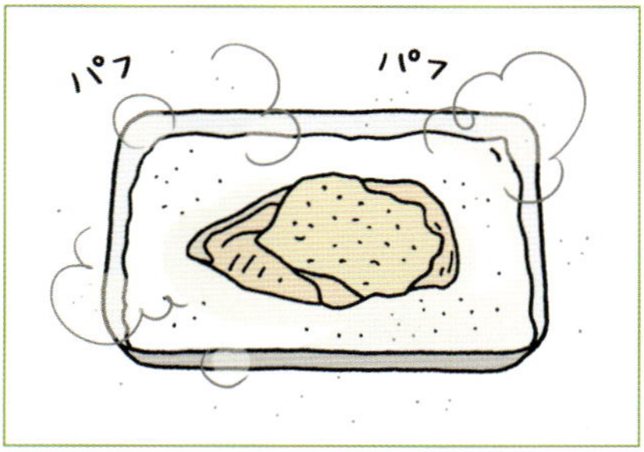
パフ
パフ

ムダが多く、ムラもある

バットに広げた小麦粉に素材をまぶす方法は、ところどころムラができ、粉も大量に余ります。

Butter
ちょっぴり

バターの量が少なすぎる

フライパンの温度が上がりすぎるため、素材が焦げたりかたくなったりする原因になります。

レモンを使ってさわやかに仕上げましょう！

バター、結構な量を使うのですね。

ムニエル

水島理論

打ち粉は“美肌仕上げ”キメの細かさが命！

素材の表面には、お化粧をするときの繊細さで、均一に薄く打ち粉しましょう。素材の水分を適度に吸い取る一方、水分や旨みが流れ出るのを防ぎます。

● 小麦粉の打ち方 ●

使う分の小麦粉を小皿に用意

刷毛の先が入る程度の小皿に少量の小麦粉を用意し、使う分だけ足していきます。

刷毛は立てて使う

刷毛は素材に対して垂直に立てます。小麦粉を素材に埋めこむように丁寧にムラなく打ちます。

あくまで薄付きに仕上げる

打ち粉が終わったら余分な粉ははたいて落としましょう。薄いかな、と思うくらいで十分です。

もったいないですね！僕はケチなので（笑）、何でも少なめにしています。

いつも大量にバットに小麦粉を広げて、結局は捨てていました。

水島理論

切り身をバターの中で“泡”踊りさせるのが正解！

バターから細かい泡がプツプツと出てきたら、水分が蒸発し始めたサインです。大きめのスプーンですくっては落とし、温度が高くなりすぎないようにします。

●“泡”踊りは２段階●

スプーンですくって温度調節を

すくったバターは、素材を避けて戻します。温度は140℃くらい。高くなりすぎないよう注意。

半分白っぽくなったら裏返す

裏返したら、バターが素材にかかってもかまいません。２～３分で完成です。

こんなに違う！バターの色味

水島流レシピのバターソース

失敗レシピのバターソース

水、脂、たんぱく質がバターの構成要素です。火加減を間違えるとすぐに焦げてしまいます。

足りなくなったら“追いバター”を

泡がなくなったり、すくえないくらい少なくなったりしたら“追いバター”をして温度を下げます。

さわやかなムニエルソースで

カジキのムニエル

つくり方

1 ミニトマトは4等分に、パセリはみじん切りにする。

2 メカジキに重量の0.8%の塩をまぶし、22ページの要領で打ち粉する。

3 フライパンにバターを入れて弱い中火にかけ、泡が出始めたら弱火にしてメカジキを入れる。

4 フライパン全体にバターの泡が広がったらスプーンですくって、メカジキにかけないように流し落とす。泡が消えそうならバター10g（分量外）を加える。

5 メカジキの周囲が白っぽくなり火が通ったら、裏返して30秒〜1分火を通し、フライパンから取り出す。

6 5のバターソースにミニトマト、パセリ、ケイパー、レモン汁、塩0.4gを加えてひと煮立ちさせ、皿にソースごと盛り付ける。

材料（1人分） フライパンの直径18cm

メカジキ	1切れ（100〜120g）
塩	メカジキの重量の0.8%
こしょう	
薄力粉（打ち粉）	
無塩バター	30〜40g
ミニトマト	60g
パセリ	4g
ケイパー	10g
レモン汁	5g
塩	0.4g

しっとり、ふんわり、柔らかい仕上がり

鶏胸肉のムニエル

つくり方

1 鶏肉の皮は取り除く。マンゴーは1cm角に、パセリはみじん切りにする。

2 鶏肉に重量の0.8%の塩をまぶし、22ページの要領で打ち粉する。

3 フライパンにバターを入れて弱い中火にかけ、泡が出始めたら弱火にして鶏肉を入れる。

4 フライパン全体にバターの泡が広がったらスプーンですくい、鶏肉にかけないように流し落とす。泡が消えそうならバター10g（分量外）を加える。

5 鶏肉が半分以上焼けたら裏返して約2分火を通し、フライパンからあげる。

6 マンゴー、パセリ、ケイパー、レモン汁、塩0.4gを加えてひと煮立ちさせ、皿に鶏肉をのせてソースをかけてできあがり。

材料（1人分） フライパンの直径18cm

鶏胸肉	100～120g
塩	鶏胸肉の重量の0.8%
こしょう	
薄力粉（打ち粉）	
無塩バター	30～40g
マンゴー	40g
ケイパー	10g
パセリ	4g
レモン汁	5g
塩	0.4g

どうして

ポロポロの炒り卵になっちゃうの？

スクランブルエッグ

かたくてポロポロした炒り卵状態になってしまいがちなスクランブルエッグ。道具や温度調節、調味をほんのちょっとずつ工夫してみましょう。まるでホテルの朝食のようなふんわりとした仕上がりが楽しめます。

OK

水島流レシピ

ゆっくり混ぜながら弱火で加熱

ポイントはゴムベラ。力を入れずにゆっくりとかき混ぜながら、弱火で加熱していきます。

比較

色もくすんでポロポロに

菜箸でかき混ぜながら強火で加熱すると、必要以上に焼き色が付き、卵がかたくなってしまいます。

NG

これが失敗の原因！

どうして

中までキレイに焼けないの？

出汁巻き卵は、準備を怠ると生地にムラができてしまったり、焼くときに火加減を失敗するとキレイに巻けなかったりと、トラブルの多い料理です。ここでは2つのポイントを押さえてください。卵の攪拌《かくはん》方法と火加減です。

OK

水島流レシピ

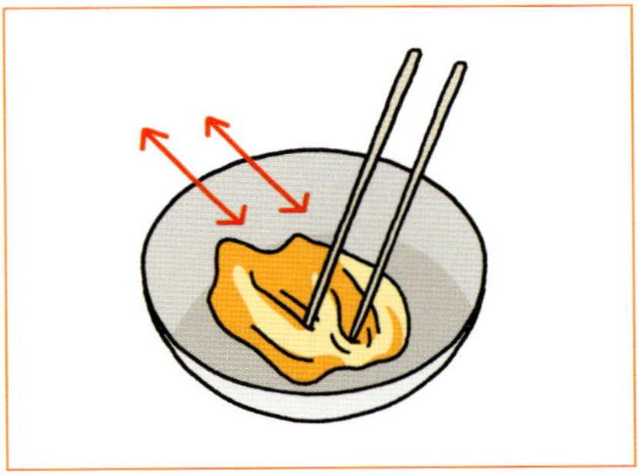

卵のコシを切るように混ぜる

菜箸を立てて「一」の字を描くように手を動かして卵のコシを切り、漉《こ》し器に通す。

比較

ところどころ白身が残る

コシが切りきれていないと、黄身と白身がうまく混ざらず、まだらに仕上がってしまいます。

NG

これが失敗の原因！

私の卵焼きは色がキレイって評判なの
ガシャ
ガシャ
よーく混ぜて
秘けつはね
ジュー…ッ
こうやって3分の1ずつ卵を流しこんで……
最後は余熱で火を通すから焦げないのよ！
ふんわり…
わははは天才！
ドロ…
でも生焼けなんだよな〜

とろっとした食感、やさしい味

スクランブルエッグ

つくり方

1 ボウルに卵を割り入れ、27ページの要領で混ぜる。

2 1に生クリーム、牛乳、塩、こしょうを加えて混ぜる。

3 フライパンにサラダ油をひき、卵液を流し入れて弱火にかける。

4 ゴムベラでゆっくりと全体を均一に混ぜながら、少しかたまってきたらゴムベラを動かすスピードを速める。

5 全体が半熟状になったら火からおろして皿に盛り付けて完成。

材料（1人分） フライパンの直径 18cm

卵	2個
生クリーム	10g
牛乳	10g
塩	総重量の 0.8%
こしょう	
サラダ油	

まるで料亭料理のような凛とした佇まい

出汁巻き卵

つくり方

1 ボウルに卵を割り入れ、27ページの要領で混ぜる。

2 1に出汁、塩、しょう油、砂糖を加えて混ぜたら漉す。

3 フライパンにサラダ油をひき、2の卵液の1/4量を流し入れたら弱火にかける。

4 フライパンを傾けても卵液が流れなくなったら卵を巻く。これを4回繰り返す。

5 巻きすで形を整えて皿に盛り付けて完成。

材料（2人分） 卵焼き器

卵	3個（170～180g）
出汁	50～55g（卵の重量の30％程度）
塩	1g
しょう油	3g
砂糖	0.4g
サラダ油	

焼き魚

どうして 皮が焦げて水泡ができるの？

安くておいしくて栄養があって、グリルで焼くだけ。なのに、焼き魚に自信がある人は案外少ないもの。慌てて焼いて焦がしたり、火が強すぎてかたくなったりしていませんか？　失敗しない魚の焼き方をマスターしておきましょう。

Q グリルに入れるだけの焼き魚なのに、上手に焼けているかというと自信がありません。皮が焦げて網にくっ付いてしまったり、水泡ができたり破れたりして、キレイに焼けません。

A どちらの家庭でも、グリルはたいていガス台に造り付けですから、扉を閉めて焼いていると思います。実は、それが問題なのです。グリルは閉めきると庫内の温度が大変高くなってしまい、魚が本来もっている水分が逃げ場を失ってしまいます。それで、水泡ができたり、身がパサパサになったりして、かたく焼きあがってしまうのです。

Q とくにサンマは、扉を開けて焼くと、臭いが気になります。

A サンマを焼いたときの強烈な臭いは、実は落ちた脂が焦げて煙になったものです。この煙が臭う。料亭などで出されるサンマは、脂が落ちないように残して焼きます。家庭でそうするためには、弱火でじっくり焼くこと。そうすれば煙も立たず、臭いませんので、扉を開け放して焼いても問題ありません。

Q 扉を閉めないで焼くときのポイントを教えてください。

A １００円ショップなどで売っているバットにアルミ箔をしき、グリルに付いていた網に魚をのせて焼きます。水は入れないでください。最初から取り付けられているトレーや扉は外してしまってかまいません。あるいは、市販のグリルパンもおすすめ。造り付けのグリルを使わなければ、使用後の面倒な掃除からも解放されます。

Q 皮が破れたり焦げたりしない、キレイな焼き方のポイントを教えてください。

A 熱によってたんぱく質が変性すると、網にくっ付いたり焦げたりします。弱火で回避できますが、あまりにひどい場合は、少量の酢を魚の皮に塗るのもいい方法です。

扉を閉めて焼いたときのギトギトの脂にも注目！

おいしいはずの脂が、全部落ちて焦げてしまっています。強烈な臭いはここから発生します。

皮が黒く焦げて苦味が残る

グリルの欠点は、火が近すぎること。火加減を間違えるとあっという間に焦げてしまいます。

成功例

OK

水島流レシピ

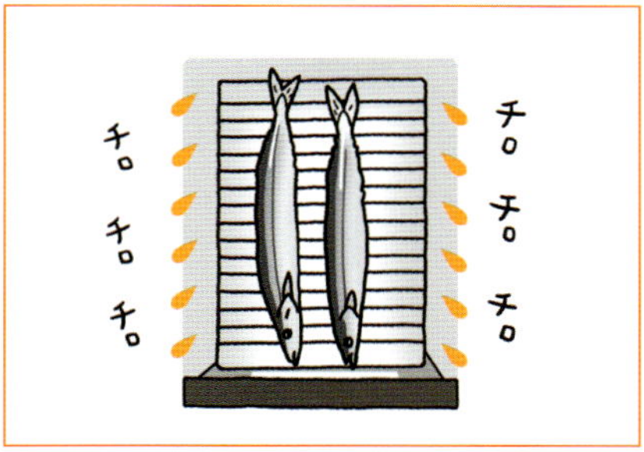
チロ
チロ
チロ
チロ
チロ
チロ

グリルの火加減も基本は弱火

ゆっくり加熱することで、素材の急激な変化を防ぎます。ふっくら柔らかく仕上がります。

取ってしまえ！

付属品は使わない

庫内を密閉しないことがポイント。市販のグリルパンでもOKです。

NG

これが失敗の原因！

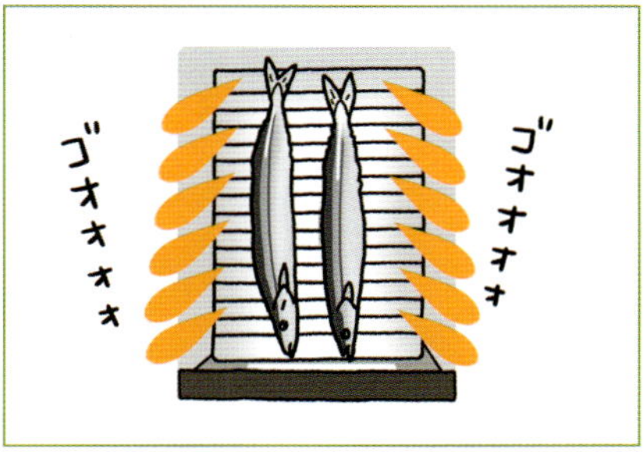
ゴオオオオ
ゴオオオオ

火加減など気にしたこともない

グリルの火加減は、気にしたことがないという人もいるくらいですが、強火で焼けば当然焦げます。

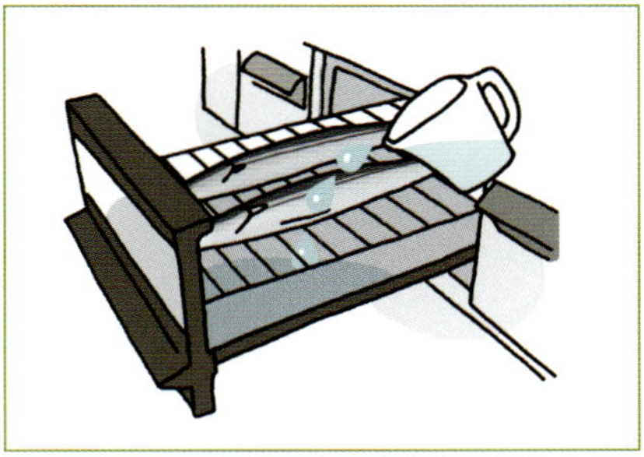

トレーに水を入れて蒸し焼きに

扉を閉めて蒸気を閉じこめると、庫内温度は急上昇！　魚本来の水分も蒸発してしまいます。

グリル使わないんですか!?
考えたこともなかった！

新しいグリルはきちんと扉を閉めないと作動しないものもあるようです。その場合、ときどき扉を開けるなどして、熱を外に逃がし、温度を上げすぎない工夫をしてみてください。

水島理論

サンマが焦げるのはグリルのせいだった!!

火加減がしにくく、蒸し焼きを推奨しているグリル……。この際使うのを止めてみましょう。この“発想の転換”で、焼き魚が驚くほどおいしくなります。

熱がこもるから焦げる!!

ガス台に造り付けのグリルは扉、トレー、網の一体構造です。扉を閉めて焼くと、庫内はあっという間に高温になってしまいます。

魚は、とても焦げやすく、とくに脂の多い皮目の部分は、ちょっと火が強いだけですぐに焦げてボロボロになります。こうなると、魚がもっている水分も急激に蒸発してしまいます。高温調理は、見た目がキレイでなくなるばかりか、身がパサパサになる原因でもあります。

造り付けは取りはらい、オープンにして焼いてみましょう。100円ショップのバットと網でOKです。

火が強すぎるから焦げる!!

いきなり強火で焼き始めて、ほかのことをしているあいだに忘れてしまった……。そんな話をよく聞きます。グリルの火加減も、調節できることを知っていましたか? また、グリルには、素材に直接火が当たり、火との距離も近いという特徴があります。つまり、とても焦げやすいのです。

一方で、皮は焦げていても中には十分火が通っていない、という失敗も強火だから。火のコントロールは慎重にしましょう。

まずはグリルの弱火を、見て覚えてください。焼き色を付けるときだけ、弱い中火を使うくらいでちょうどいいはず。

皮がくっ付くから焦げる!!

焼き魚の失敗で案外多いのは、焦げ付きです。網に身がくっ付いてしまったり、焦げ付いてしまったりすると、身が崩れてしまい、キレイに焼きあがりません。これは、熱によって魚のたんぱく質が変化したために起こる現象で、熱凝着といいます。グリルの網の金属部分とたんぱく質が反応しあってしまうのです。

熱凝着は50℃を境に、温度が高くなればなるほど、起こりやすくなります。

裏技をひとつ、紹介します。熱凝着には酸が効きます。酢かレモン汁を魚の表面にすっとひと刷き。これで解決！

名にし負うピンとした姿

サンマの塩焼き

つくり方

1 重量の 0.8%の塩をサンマの裏表にまぶす。

2 魚焼きグリルかアルミ箔をしいたバットに網を置き、その上にサンマをのせて密封せずに弱火で焼く。

3 10 ～ 15 分程度焼き、目が白くなったら裏返す。

4 片側の目も白くなったら、火を強めて焼き色を付ける。反対側も同様にして焼く。

材料（1 人分） 魚焼きグリル

サンマ	1 尾
塩	サンマの重量の 0.8%

どうして

ところどころ焦げて全体的にかたくなるの？

ハンバーグ

ソースで誤魔化してしまいがちなハンバーグ。煮込みハンバーグでリカバリー、なんて人も案外多いのでは？　決め手はソースではなく、ハンバーグそのものの味なのです。ジューシーで柔らかいハンバーグのつくり方、教えます！

Q 子どもはもちろん主人も大好きなハンバーグですが、いまいち自信がありません。まず、形がキレイではないのが悩みです。

A キレイな形に整わないのは、肉がきちんと結着していないからです。

Q よくこねているつもりなのですが……。

A 手でこねていますよね。それがまず失敗のもとです。手でこねると熱が肉に伝わって、加熱したのと似た状態になるため、うまく結着しません。また、炒めた玉ねぎ、冷たい牛乳、常温のパン粉を一緒くたに混ぜるのも良くありません。肉に塩をしてすりこぎでつぶし、まずは肉同士を結着させてください。

Q 成形して真ん中を凹ませていますが、焼け具合がわかりません。外は焦げても、中はまだ生だったりすることもあります。

A 外が焦げるのはおそらくふたをして焼いているからですね。そうすると、フライパンの温度が急激に上がります。さもなければ火が強すぎるのでしょう。また、真ん中を凹ませるのは、実はあまり意味がありません。ハンバーグ全体からじわっと均一に脂が浮きあがったら、中まで火が通った証拠です。

Q 部分的に焦げたり、かたくなったりもします。

A 全体を均一に混ぜることが、ハンバーグの成功には不可欠です。ただし、その際、直接手で混ぜるのは避けて、ゴムベラなどを使うようにしましょう。

Q ボロボロに崩れたりすることもあるのですが、ほかに原因が考えられますか？

A 肉の選び方の問題かもしれません。冷凍すると肉の細胞が壊れてしまい、結着しづらくなります。店頭でミンチにしてもらうのが理想ですが、難しいようであれば、解凍肉を再度冷凍するのだけは避けましょう。

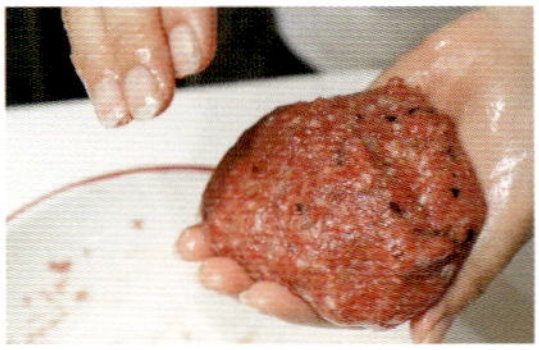

みじん切りが焦げてベタベタに

繊維のつぶれた玉ねぎを加熱しすぎると、流出した水分が油と混ざってベタベタになります。

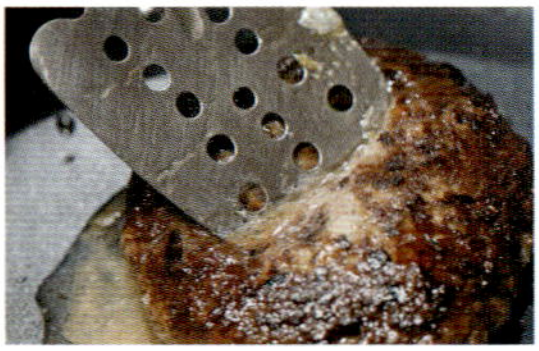

旨みがすべて外に流れ出てしまう

肉と肉のあいだから、旨みがすべて流出。これは肉同士がしっかりと結着していないためです。

ペタンコでかたそうな焼きあがり

火が強すぎると、肉の細胞が縮まってしまいます。そのうえ水分も蒸発し、かたくなるのです。

OK

水島流レシピ

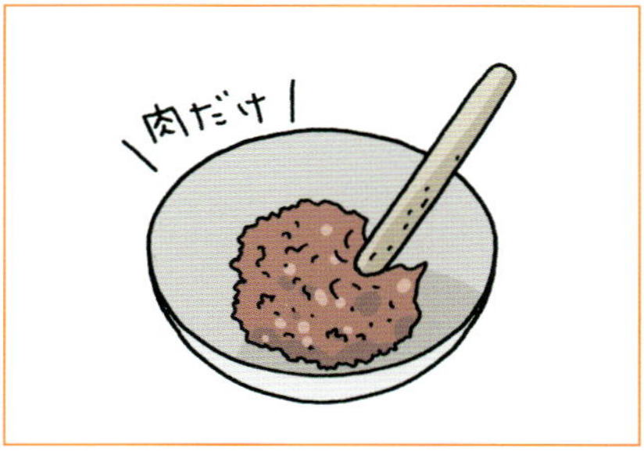

肉同士を結着させる

まずは何も混ぜずに塩をした肉をつぶし、しっかりと結着させます。素手は NG です。

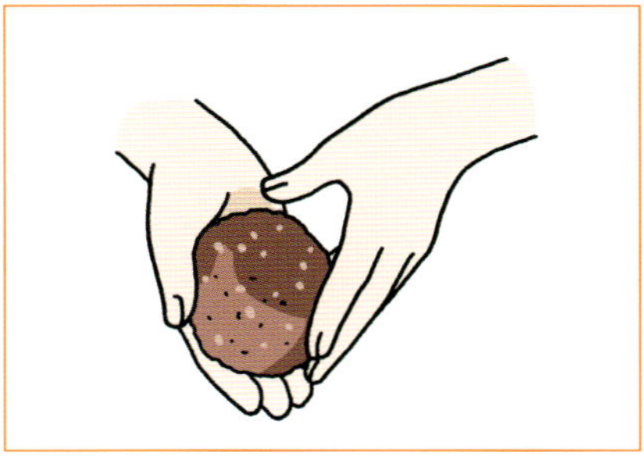

最後に形をサッと整える

手を使うのは、最後の成形のときだけです。時間をかけずにサッと形を整え、焼き始めましょう。

中までしっかり火を通す

中まで火を通すためには、最低 15 分は焼かねばなりません。外が焦げないように弱火で焼きます。

NG

これが失敗の原因！

すべての材料を一緒に混ぜる

最初からすべての材料を一度に混ぜてしまうと、結着しづらくなるため崩れやすくなります。

手ごねハンバーグはあり得ない！

手ごねすると手の温度が肉に移って、結着力が著しく低下します。ボロボロに崩れる原因です。

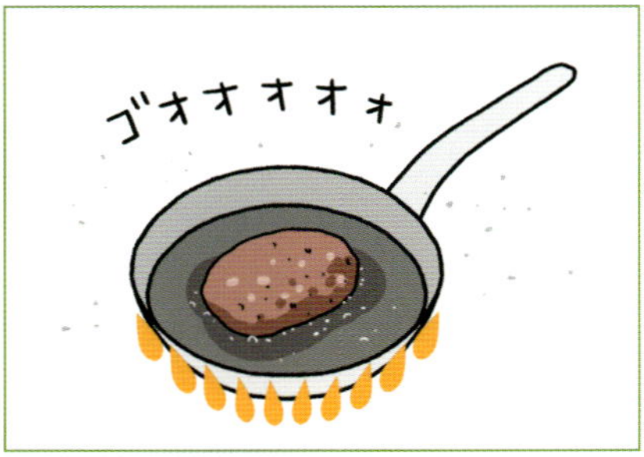

最初から強火で焼き始める

強火で焼くと、短時間で表面が焦げます。外が焦げて中が生の場合は、100%火が強すぎます。

水島理論

挽き肉だねは手ごねしてはいけない！

なんとなくおいしそうに聞こえる“手ごねハンバーグ”ですが、ロジックからいえば間違い。おいしい挽き肉だねは、できるだけ手で直接触れずにつくります。

肉をしっかり結着させる

すりこぎで肉を結着させる

肉に塩をし、粘りが出てボウルが持ちあがるくらいまで、すりこぎでつぶすようにして突きます。

つなぎを合わせてゴムベラで1と混ぜる

牛乳に浸したパン粉、炒めた玉ねぎのみじん切り、その他の材料、1をさっくりと混ぜます。

成形するときにはじめて手を使う

最後に、俵形に形を整えます。ここだけは素手で触るため、時間をかけずにサッと整えます。

+α

ふたをして焼く

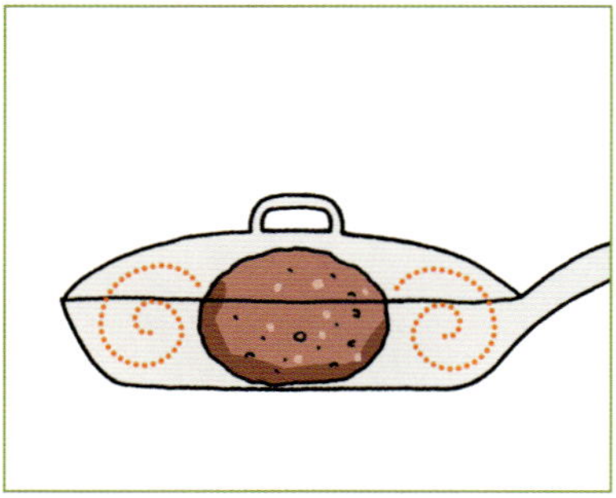

水分が蒸発してしまう

ふたをするとフライパンの温度が必要以上に上がってしまいます。結果、素材の水分が沸騰し、旨みと一緒に流出してしまいます。

ふたをしないで焼く

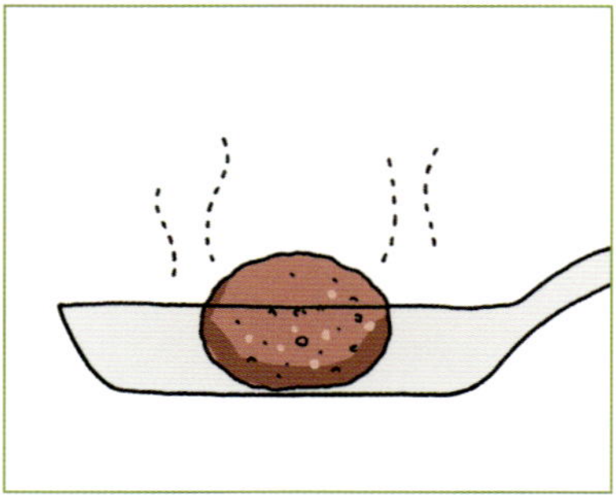

柔らかい焼きあがりに

ふたをしないで弱火で焼くことで、挽き肉だねにゆっくりと火が入っていきます。中までじっくり火を通して、できあがり。

挽き肉の旨みが十二分に凝縮した

ハンバーグ

つくり方

1 36ページの要領で挽き肉だねをつくる。

2 フライパンにサラダ油をひき、1の挽き肉だねを入れて弱火で焼く。余分な水分と油はペーパーで拭き取る。

3 側面の半分くらいまで焼けてきたら裏返し、真ん中が盛りあがって表面に肉汁がにじむまで焼く。

4 鍋にバルサミコ酢を入れて中火にかけ、とろみが付くまで煮詰めたら、塩と生クリームを加えて均一になるまで混ぜる。

5 3を皿に盛り、4をかけたらできあがり。

材料（1人分） フライパンの直径 18cm

合い挽き肉	120g
塩	肉の重量の 0.8%
玉ねぎ（みじん切りを炒めたもの）	40g
パン粉	5g
溶き卵	10g
牛乳	10g
ナツメグ	1g
塩	肉以外の具の重量の 0.8%
こしょう	ミル2回転半分
サラダ油	
バルサミコ酢	25g
塩	0.1g
生クリーム	10g

甘辛いたれが食欲をそそる

肉団子

つくり方

1 36ページの要領で挽き肉だねをつくる。5等分し、団子状に丸める。

2 玉ねぎは5㎜幅の薄切りにする。フライパンにサラダ油をひき、弱火にかけてしんなりするまで炒める。

3 別のフライパンに肉団子が浸るくらいの高さまでサラダ油を入れ、1の肉団子を入れて弱い中火にかける。半分まで色が変わったら反転させる。さらに加熱して表面全体の色が変わったら、ペーパーにあげる。

4 2のフライパンに3、しょう油、黒酢、片栗粉、砂糖を入れて弱火にかけ、全体に絡めながら火を通す。

5 4を皿に盛り、小口切りにした青ねぎを散らしたら完成。

材料（1人分） フライパンの直径18cm

- 合い挽き肉 …… 120g
- 塩 …… 肉の重量の0.8%
- 玉ねぎ（みじん切りを炒めたもの） …… 40g
- パン粉 …… 5g
- 溶き卵 …… 10g
- 牛乳 …… 10g
- ナツメグ …… 1g
- 塩 …… 肉以外の具の重量の0.8%

- サラダ油
- こしょう
- 玉ねぎ …… 60g
- 片栗粉 …… 1g
- しょう油 …… 5g
- 黒酢 …… 15g
- 砂糖 …… 12g
- 青ねぎ …… 10g

どうして

皮の焼け方にムラがあるの？

餃子

中身はジューシーで、皮はパリッと焼けている。そんな、中華料理屋さんの自慢みたいなおいしい餃子を、自宅のキッチンでも焼くことができます。蒸気とふたを利用すれば、ひっくり返さなくても全体に火が通ります。

Q 中の餡《あん》と皮の合わせ目に焼きムラが出ます。具体的にいうと、皮は焦げるのに、餡は生です。

A 肉と皮では、火が通るまでにかかる時間が違います。肉のほうが時間がかかりますから、焼き時間はそちらに合わせ、焦げないように火を調節します。

Q ひっくり返すとき、皮が破れてしまうのですが……。

A 餃子はひっくり返さないで焼きます。フライパンにぎっしり詰めて、底から焼きながら全体に火を通すのが、餃子の正しい焼き方です。

Q では、皮が焦げてしまうのも、ひっくり返して焼くからでしょうか？

A そのとおりです。餃子の皮は炭水化物ですから、焼くとお焦げかお餅みたいになってしまいます。火が通るのも早く、焦げやすい素材です。餡が入っていない部分は直接フライパンの鍋肌に付けることはせず、ふたをして蒸気を利用することで、しっかりと火を通しましょう。

Q 焼くときに水を入れると、ビシャビシャして、水餃子みたいになってしまいます。

A 水の量が多すぎます。弱火ですから、水が多いと全部蒸発しません。蒸気の力で十分に皮まで火を通したら、最後にふたを外して水分を飛ばします。

Q 中の餡が水っぽくなることもあるのですが……。

A 白菜やキャベツなどの葉物を使いますから、水は出やすくなります。とくに、塩もみをする際は塩の量に注意しましょう。

Q 餃子の底がフライパンに焦げ付いて破れ、中身が出てしまうこともあります。

A 弱火にしてもそうなるのであれば、フライパンを替えましょう。長年、強火にさらしたり手入れ不足だったりすると、フライパンも傷んでしまいます。

焼き方ひとつで
できあがりにこれだけの差が……

キレイな焼き色
反対側は
蒸し焼きに
皮がかたくなり、
焦げてしまう
焦げが全面に

弱火かつ蒸気を利用すると、底はキレイな焼き色が付き、皮は蒸されてもちっと仕上がります。

火が強すぎたり、ひっくり返して皮部分を焼こうとしたりすると、水分が足りないため、カチカチになります。

OK

水島流レシピ

大さじ１程度の水が適量

弱火で蒸発する程度の量の水を加え、蒸気を十分に利用して火を通します。

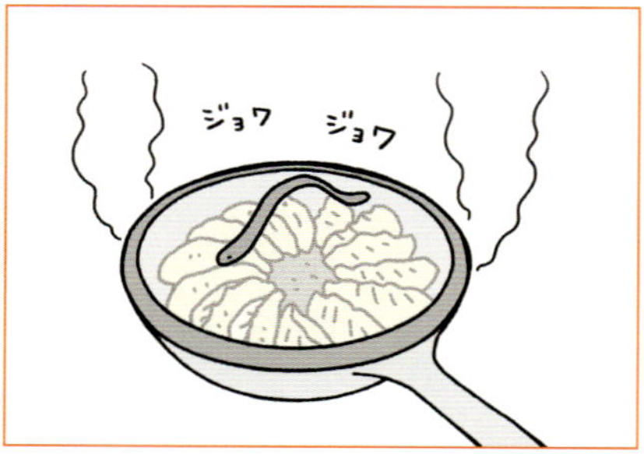
ジョワ
ジョワ

ふたをして蒸気を閉じこめる

皮に火を通すのに、水分とふたを利用します。仕上げにふたを取って水分を飛ばします。

NG

これが失敗の原因！

ジャバ
ジャバ

蒸し焼きにするには水が多すぎる

あくまで利用するのは蒸気。つまり、蒸気が立つ程度の水の量で十分です。

ひっくり返す

ひっくり返して皮だけを直接焼く

パリッと仕上げたいからといって、皮を直接焼くと、焦げ付く原因になります。

盛り付けはフライパンにお皿をかぶせてひっくり返すだけ！キレイに焼けましたか？
焦げたお餅みたいにならないんですね！

焼き色もパリッと香ばしい

餃子

つくり方

1 白菜、にらはみじん切り、しょうが、にんにくはすりおろす。
2 ボウルに豚肉と、豚肉の重量の0.8%の塩を入れ、すりこぎで突くようにして粘り気を出す。
3 1と2に塩、こしょう、しょう油、ごま油、砂糖を加えて木べラで全体をよく混ぜる。全体が混ざったら手で6〜7周混ぜる。
4 餃子の皮で3を包む。
5 フライパンにサラダ油と水を入れて餃子を並べ、ふたをして弱火で約8分焼く。
6 餃子の裏に焼き色が付いて水分がほとんどなくなり、皮が透き通ったらふたを外して1〜2分焼いたらできあがり。

材料（10個分） フライパンの直径 18cm

豚挽き肉	80g	ごま油	5g
塩	豚肉の重量の0.8%	餃子の皮	10枚
白菜	70g	サラダ油	5g
にら	10g	水	10g
しょうが	4g		
にんにく	2g		
塩	1g		
こしょう			
しょう油	3g		
砂糖	1.6g		

Chapter 2

少しテクニカルな焼き物をマスター！

家庭でつくる野菜炒めは、弱火で炒めるのが正解。料理をおいしくするのはロジックです。「なぜこの料理には、この道具でこの火加減なのか」。そこには必ず理由があります。

Contents

どうして

すべての具材に均一に火が入らないの？

野菜炒め

野菜炒めの成功のポイントは、豊富な具材のすべてに味と火が均一に通っていること。そのうえ、シャキシャキとした歯ごたえがあれば最高！　まずはフライパンの火のまわり方を覚えましょう。

Q 付けあわせに必ずといっていいほど登場するのが、野菜炒めです。わが家ではおそらく、食卓に上る頻度ナンバー1ですが、いつも「これでいいんだろうか」と不安に感じながらつくっています。正解がわかりません。

A 実は野菜炒めは非常に大切な料理です。具材の切り方や加熱方法、調味に至るまで、料理の基本を知らないと、失敗してしまうファクターが目白押し。いい換えると、野菜炒めをマスターすれば、料理の基本は押さえたということにもなります。

Q がんばります。まず、教えてほしいのが、仕上がりがいつも一定ではない原因です。水っぽく仕上がってしまったり、にんじんだけがかたかったり。

A すべての具材を均一の大きさに切ることがひとつ目のポイントです。その際、力を入れて切ったり、包丁を手前に引きながら切ったりすると、細胞をつぶしてしまうため、水が出やすくなります。野菜の切り方は66ページ以降で詳しく説明しています。そちらも参考にしてみてください。また、にんじんなどの根菜を一緒に炒める場合は、下茹でが必要になります。つまり、炒める前の段階で素材のかたさをそろえておくことが大切なのです。肉も同様。下準備が整った具材を、調味料で炒めあわせるという考え方が正解です。

Q なんとなくカッコよくて、フライパンをザッと振ってしまいます。これができると料理上手だと思いこんでいました。

A 料理道具によって、火のまわり方は違います。中華料理店のガス台は炎が大きく、中華鍋の底は丸いため、上部に輻射熱が生まれます。そこに向かって具材を振ることで火を通しますが、家庭のフライパンとガス台ではそうはいきません。底が平らで火のまわりは均一ですから、温度を一気に上げないことが大切なのです。

肉と野菜、根菜などを、すべて一緒に火を通して調味しようとすると、仕上がりにムラが出ます。

OK

水島流レシピ

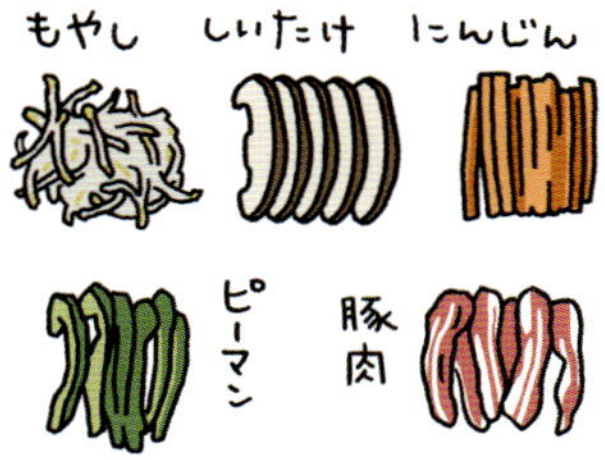

基本を決めてすべてを均一に

もやしを基本に、長さや厚さをできる限りそろえましょう。食べやすく美しい仕上がりに。

下茹でする野菜を決める

野菜炒めでは根菜のほか、アク抜きや色を鮮やかにするために、具材を下茹でします。

調味は具材に火が通ってから

すべての具材に火が通ったら、調味料を入れて、2～3分炒めるか、数分おいてなじませます。

NG

これが失敗の原因！

一つひとつはキレイでも

具材ごとに大きさがまちまちだと、見た目が美しくないだけでなく、食べにくくなってしまいます。

下茹でをしない

さまざまな具材を使う野菜炒めは、下茹でが必須。根菜に火を通すには、時間がかかるからです。

肉は別に下ごしらえを

根菜や葉物に比べて、加熱の影響を受けやすい肉。一緒に調理すると、先にかたくなってしまいます。

水島理論

中華鍋とフライパンでは火のまわり方が違う！

なぜ「家庭の野菜炒めは弱火」なのか？　それは道具と火加減と素材から導き出されたロジックだからです。理由がわかれば、失敗はなくなります。

中華鍋

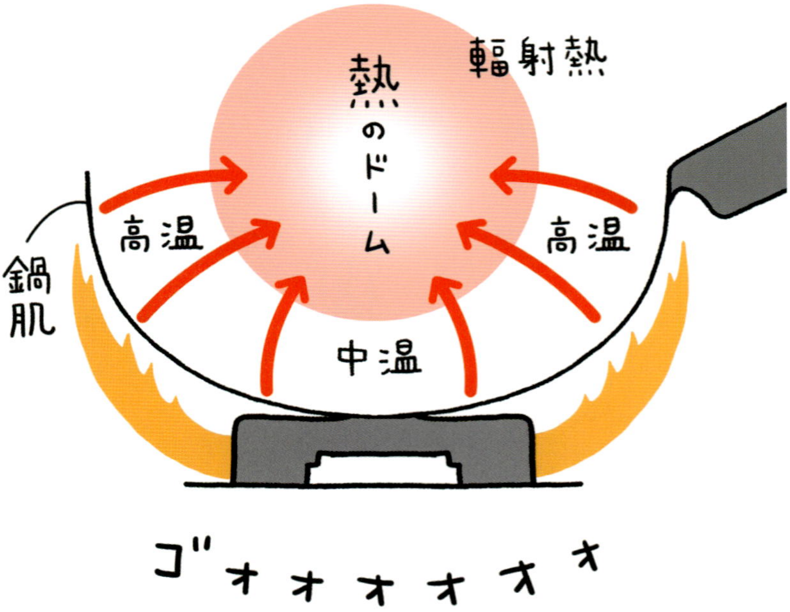

強火でないと火がまわらない

強火にすることで鍋底ではなく側面が熱くなるため、輻射熱によるドームができます。
具材をこの熱ドームにくぐらせるためには鍋を振るテクニックが必要です。

↓

鍋を“振れる”ことが料理成功の絶対条件

フライパン

弱火ではじっくりと均一に温度が上がる

弱火は炎がフライパンに当たらないので、均一に温度が上がります。
炎の輻射熱で温まるため、均一になるのです。

↓

強火では表面が焦げるだけ

一方、強火にしてしまうと炎がフライパンの底に当たって熱ムラができ、温度が不均一になります。
強いところが焦げたり、弱いところで火が通らなかったりする原因になります。

シャキシャキ感がおいしさの決め手

野菜炒め

つくり方

1 もやし以外の野菜は5mm幅の細切りにし、豚肉は7mm幅の棒状に切る。

2 沸騰させた湯で、にんじんを中火で2分茹でて湯切りする。

3 フライパンにサラダ油をひいて豚肉の小片を入れ、弱い中火にかける。焼き色が付いたら残りの豚肉を加えて生っぽい部分がなくなるまで焼く。

4 別のフライパンにすべての野菜とキクラゲを入れてサラダ油をまわしかける。混ぜあわせたら弱火で炒める。

5 ときどき上下を返すようにしながら約8分炒め、豚肉、酒、塩を加えて弱火でさらに2分炒める。

6 仕上げは強火にして、しょう油とごま油を加えて20秒加熱する。

7 こしょうを振って全体を混ぜあわせたら皿に盛り付ける。

材料（2人分） フライパンの直径18cm

豚肩ロース肉（スライス）	60g
にんじん	60g
もやし	120g
キャベツ	60g
赤ピーマン	60g
ピーマン	20g
戻しキクラゲ	30g
酒	8g
塩	2g
しょう油	1g
サラダ油	
ごま油	1g
こしょう	

野菜の旨みたっぷり

ラタトゥイユ

つくり方

1 玉ねぎ、パプリカを1cm角の色紙切りに、なす、ズッキーニ、トマトは1cm角に切る。にんにくは半分に切り、芽を取り除く。

2 鍋にオリーブオイルをひき、トマト以外の野菜をすべて入れ、油とよくなじませて弱火で10分程度炒める。

3 ときどき上下を返すように混ぜる。トマトを加えてトマトが崩れ始めるまで4分程度炒める。

4 ボウルに3を入れて計量し、重量の0.8%の塩とタイム、バジルを加えて10分蒸らす。

5 盛り付ける前に再度温め直して、お好みでこしょうを振り、皿に盛ったら完成。

材料（2人分） 鍋の直径 18cm

玉ねぎ	30g
赤パプリカ	20g
黄パプリカ	20g
なす	30g
ズッキーニ	30g
トマト	150g
にんにく	5g
塩	野菜の炒めあがりの0.8%
オリーブオイル	
こしょう	
タイム	3枝
バジル	1枝

どうして

フニャッとした仕上がりになるの？

きんぴら

「歯ごたえがあるのが好み」という人もいれば、「味がしみていて柔らかいのが好き」という人もいるきんぴら。つくり方で食感の違いを出すことができます。

Q シャキッと歯ごたえのあるきんぴらをつくりたいのですが、私がつくるとどうしても柔らかめに仕上がってしまいます。

A 歯ごたえがほしい場合、ごぼうを拍子木切りにするのがおすすめです。にんじんと大きさがそろいやすいという利点もあります。一方で、柔らかい食感が好みという人もいますので、その場合は、ささがきにするといいでしょう。ささがきにすると、ごぼう特有の繊維が短くなるので、シャキシャキ感は出づらくなりますが、火は通りやすくなります。

Q ささがきにしたごぼうを、水にさらしていますが、アク抜きはこれで大丈夫ですか？

A 切ってすぐに変色するようなら、サッと水にさらしますが、変色や黒ずみが出ないときはアクが少ないので、水にさらす必要はありません。

Q 味付けもできれば2パターンマスターしたいと思っています。たとえば、お弁当用なら、冷めてもおいしいように、しっかりと味をしみこませたいし、つくってすぐに食べるときは、逆に味付けは控えめにしたい。調味料の量というより、しみこませ方なのですが。

A しっかり味付けをしたい場合、ごぼうはささがきにして、下茹での際、熱湯から入れてください。ごぼうの細胞が壊れることにより、味がしみこみやすくなります。一方、サラッと仕上げたいなら拍子木切りにして、下茹での際は水から入れます。身がしまって、必要以上に柔らかくなりませんので、煮汁が濃いめにしみることもありません。

Q 鷹の爪を効果的に加える方法を教えてください。

A 鷹の爪はキレイな色とさわやかな辛さを引き出したいなら、弱火で焦がさないように炒めましょう。黒く焦げることなく、ほどよい辛さに仕上がります。

焦げた鷹の爪
ごぼうとにんじんの太さ、大きさがバラバラ

素材の状態がバラバラでなおかつ火が強いと、食感や見た目にバラつきが出てしまう。

OK

水島流レシピ

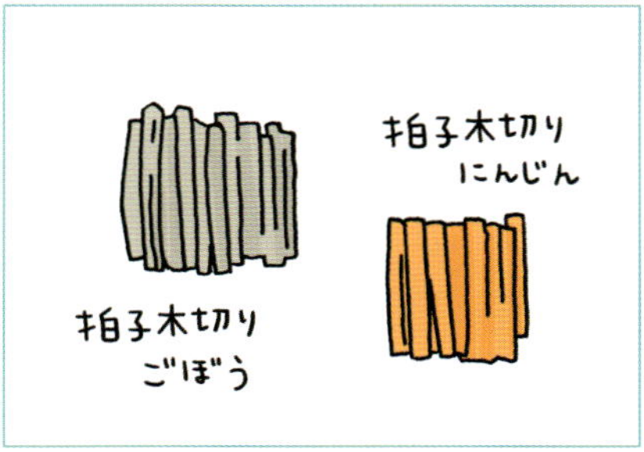

具材はすべて拍子木切りに

ごぼうもにんじんも拍子木切りにそろえることで、調理を簡単にし、食感を均一にします。

炒める前に下茹でする

調味料を加えてからでは時間がかかりすぎるため、まず下茹でをして火を通しておきます。

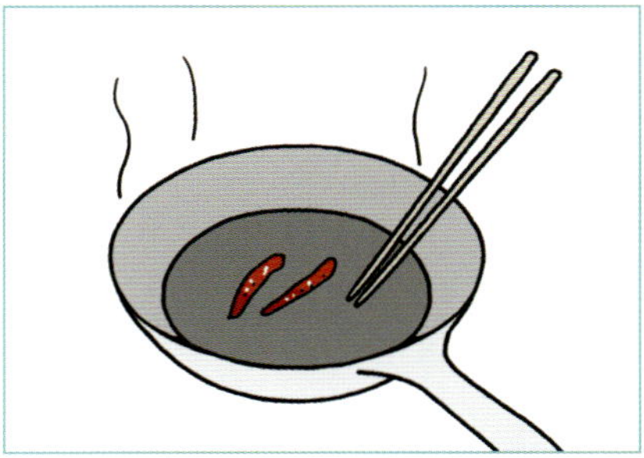

弱火で鷹の爪の香りを出す

弱火でじっくりと加熱することで、鷹の爪特有のさわやかな辛味と香りを引き立たせます。

NG

これが失敗の原因！

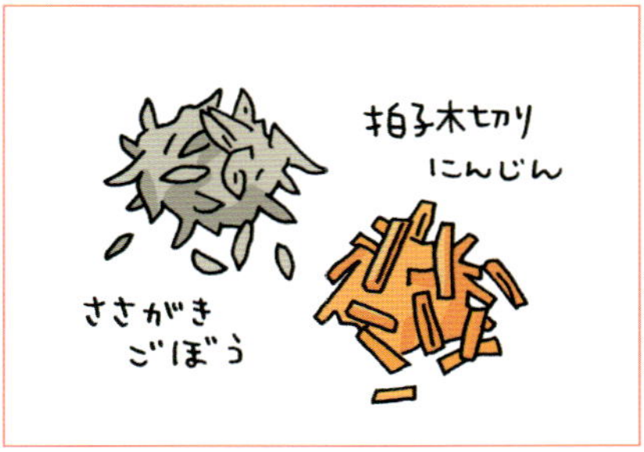

素材の切り方が不均一

ごぼうはささがき、にんじんは拍子木切りなど、切り方が違うと仕上がりがバラバラに。

フライパンだけで料理を完結

フライパンの上で、切った素材に調味料を合わせると、火が通るまでにムダに時間がかかります。

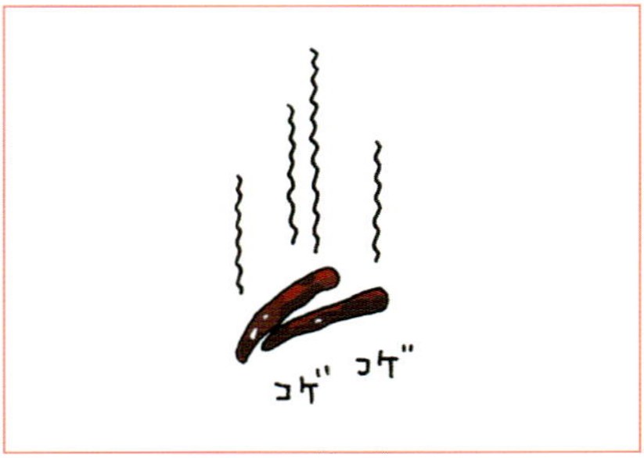

強火で鷹の爪を焦がす

香りとさわやかな辛味を添える鷹の爪は火に弱いため、強火はNG。焦げて苦くなります。

水島理論

香り付けは料理の身だしなみ！

香り付けや風味付けに使うハーブや調味料は、加熱するタイミングが命です。効果的に使えば、料理に旨みを加えたり、彩りを添えたりしてくれます。

弱火でじっくりオイルに香りを移す

特有の味と香りを最大限に

加熱することで味と香りが深みを増す鷹の爪やにんにくは、焦がしてしまったら台無し。慎重に弱火で香りを移せば、さまざまな料理の味を深めてくれます。

キレイな色に独特な形。見た目からも料理を彩る。

どんな素材にも味と香りを添えてくれる好パートナー。

火を止めて仕上げに振る

ピリッとパンチを効かせる

黒こしょうの特徴は、スパイシーな味と香り。加熱するとえぐみが出るという難点もあるため、ベストタイミングは加熱調理のものは最後の仕上げのとき。挽きたての香りも楽しめます。

黒こしょうは挽きたてがベスト。粉末よりも粒のものを、ミルで挽くのがおすすめ。

+α

ハーブは新鮮さが命

肉や魚の臭み消しに使うローズマリー、トマトやチーズと相性のいいバジル、サラダやスープをさわやかに仕上げるイタリアンパセリ、ローストや煮込みに大活躍するタイム……。洋食が食卓に上る機会が増え、これらのハーブも身近なものになっています。

ハーブは実は、鮮度が命。瓶詰めのドライハーブではなく、フレッシュハーブにチャレンジしてみてください。使いきれずに残ってしまったら、乾燥させれば自家製の乾燥ハーブに。あるいはオイルと一緒にミキサーにかければハーブオイルになります。

左からタイム、バジル（上）、ローズマリー（下）、イタリアンパセリ、ディル。スーパーでも手に入ることが多くなりました。使う前は、サッと水洗いして。

さわやかな辛さが食欲をそそる

きんぴらごぼう

つくり方

1 ごぼうとにんじんは2mm角×7cmの細切りにする。鷹の爪は種を取り除き、3mm幅の輪切りにする。

2 フライパンに材料が浸る程度の水を入れて沸騰させ、ごぼうとにんじんを入れて強火のまま1分茹でたら湯切りする。

3 フライパンにサラダ油とごま油、鷹の爪、ごぼう、にんじんを入れて弱い中火にかけて2分ほど炒める。

4 砂糖を加えて1分炒め、しょう油を加えて2～3分炒める。

5 仕上げにごまを加えてさっと炒め、皿に盛り付ける。

材料（1人分） フライパンの直径20cm

ごぼう	60g
にんじん	20g
サラダ油	5g
ごま油	5g
鷹の爪	1/2本
ごま	3g
しょう油	5g
砂糖	5g

どうして

色がくすんで茶色くなってしまうの?

なすの炒め物

炒めても煮てもおいしいなすは、キレイな色も特徴のひとつです。せっかくなら、みずみずしくツヤツヤしたなす色を目でも味わってみたい！　ピリッと辛い、大人好みのなすの炒め物をマスターしましょう。

Q 副菜になすの炒め物をよくつくるのですが、皮目は色が抜けてしまうし、実側は茶色く変色してどろどろしてしまい、キレイに仕上がりません。

A なすをキレイに焼くためには、必ず皮目から焼き始めてください。なすが茶色く変色するのは、焼くときに皮側が空気に触れて酸化するからです。皮目から焼くことで酸化を防ぐことができます。

Q 皮目から焼くと、焦げて縮んだり、せっかくの皮のキレイな紫が脱色してしまったりすることがあるのですが、どうしたら防げますか？

A 火が強すぎることによる失敗です。一気に加熱すると細胞が壊れ、そこから必要以上に水分が抜けてしまいます。そのため、皮がよれよれの状態になり、焦げて縮みます。水ぶくれの水が抜けた状態と同じだと、思っていただければわかりやすいかもしれません。

Q 実がどろどろになるのはどうしたら防げますか？　また、油と相性がいいからか、べとべとになってしまいます。

A 実側から焼くと、皮に火が通るまでに時間がかかり、焼きすぎになって、結果、実がどろどろしてしまう原因になります。皮目から焼き始めれば、すでに実側には8割程度火が通っている状態ですので、ひっくり返してからは、30秒ほどで十分です。また、皮目から焼くことにより皮が油を必要以上に吸ってしまうのを防ぎます。

Q アク抜きのために水にさらしていますが、油はねが怖いです。そのため、最初は素焼きにし、油を足すようにしています。そうすると今度は、油っぽく仕上がってしまいます。

A アク抜きは必要ありません。切った端から変色する場合のみ、水にさらしてください。油を絡めて焼き始めれば、油がはねずに、また少量で済みます。

強火で実側から焼いた、典型的な失敗例。酸化が進むとこのような状態になる。

OK

水島流レシピ

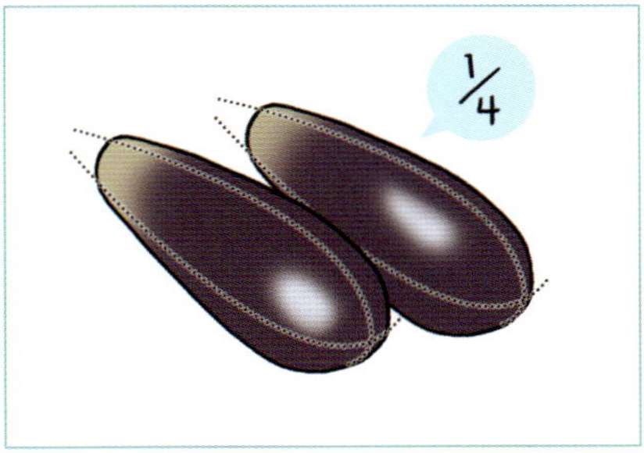

皮の美しさを目で味わう

料理は見た目も大切です。色がキレイでつややかな皮には切りこみを入れず、4分割します。

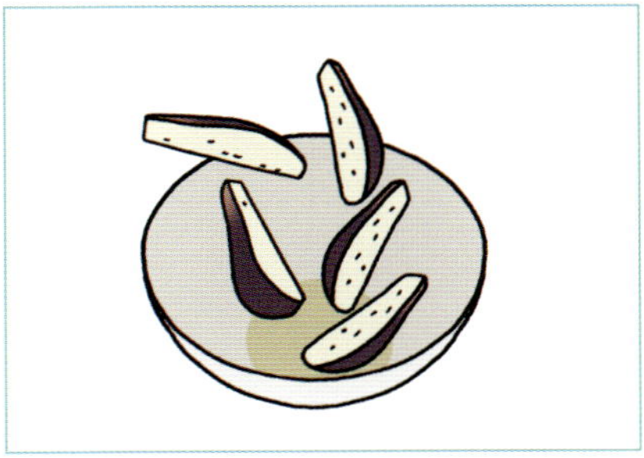

焼く前に少量の油を絡める

なすを油でコーティングします。油を吸ったり水分が出たりせず、キレイに焼きあがります。

焼き始めは皮目から

火が通りにくい皮目から弱火で焼くことで、実の細胞が壊れるのを防ぎます。

NG

これが失敗の原因！

実側から焼き始める

皮まで火が通る前に実の細胞が壊れ、水分が出たり、油を余分に吸ったりしてしまいます。

途中で油を足す

すでに実の細胞は崩れ始め、油を吸いやすくなっているため、ベタベタになってしまいます。

強火で短時間で焼いてしまう

火が強すぎると、皮が焦げても実側が生だったり、焼きすぎで茶色くなったりしてしまいます。

なすの
炒め物

水島
理論

油を味方に付けろ！

炒めたり揚げたりはもちろん、風味付けや調味にも使える油。ここでは、もっとも基本的なサラダ油についてお話しします。目的別に使い分けましょう。

揚げ物

冷たい油に入れるのは……

柔らかく仕上げたいから

肉や魚などのたんぱく質を多く含む素材を柔らかく仕上げるためには、水分の流出を防ぎ、ゆっくりと熱を通すのが最適です。

熱した油に入れるのは……

こんがり焼き色を付けるため

コロッケや唐揚げなど、中まで火が通っている揚げ物の仕上げに。温度を 180℃まで上げて再度投入。おいしそうな焼き色が付きます。

炒め物

具材に油を絡めるのは……

油で細胞を守るため

細く切った具材、あるいは柔らかい具材は、加熱によって細胞が壊れやすいため、あらかじめ油でコーティングするとキレイに焼けます。

冷たい油から調理するのは……

臭みを抜くのに有効

冷たい油から調理し始めると、魚や肉がもっている脂の臭みをうまく抜くことができます。また、温度が上がりすぎることもありません。

ピリッと甘酸っぱい大人の味

なすの炒め煮

つくり方

1 なすのへたを取り除き、縦に 4 つ割りにする。

2 フライパンに多めのサラダ油をひき、なすを入れて全体に油をなじませてから皮目を下にして並べて弱火にかける。

3 なすの実側が柔らかくなったら裏返して 1 分ほど加熱し、バットにあげる。

4 フライパンのサラダ油を捨てて、塩、しょう油、酢、砂糖、ごま油を入れて弱火にかけ、フツフツしてきたらなすを戻して絡めながら火を通す。

5 皿に盛り付け、完成。

材料（2 人分） フライパンの直径 22cm

なす	2 本（160g 程度）
塩	0.6g
しょう油	5g
酢	8g
砂糖	5g
ごま油	2g
サラダ油	

エビチリ

どうして エビの旨みが隠れちゃうの？

下処理に手間がかかるエビ料理ですが、使えるところは全部使い、フレッシュな食材と合わせてみましょう。特有の旨みとぷりぷりとした食感を楽しむことができます。まずは人気のエビチリからマスターしましょう。

Q エビ独特の風味をなかなか生かしきれません。子どもが好きなので、ついついケチャップを使ってしまうせいもあるかもしれませんが……。

A 加工食品や加工調味料は、大変便利な反面、味が画一的になりがちです。とくにケチャップは大変甘いので、どうしても子どもっぽい味になってしまいます。エビをきちんと下処理したうえで、フレッシュトマトを使ってみてください。自然の甘みと酸味が味わえます。

Q 海鮮特有の生臭さがどうしても苦手です。

A エビの臭み抜きは、0・8％の生理食塩水で行います。エビを浸して35℃まで加熱し、ふたをして3分おきます。その後、弱い中火で65℃まで再加熱。臭み抜きはその魚介類が育った水温＋10℃くらいの温度が理想です。たいていの魚介類はこれでうまく臭みが抜けますが、サンマ、マグロ、サケなどの回遊魚は、温度を少し高めにします。

Q ぷりぷりとした食感を損なわないようにするためにはどうしたらいいですか？

A エビは一気に加熱すると、水分が出てしまいかたくなるリスクがあります。臭み抜きをする際は、先述のように温度コントロールをしてみてください。生臭さを抜いて旨みを生かすエビの下処理方法は、60ページに詳しく記載しています。参考にしてみてください。

Q ブラックタイガーや車エビなど、さまざまな種類がありますが、特徴を教えてください。

A ブラックタイガーは比較的かたくなりやすいですが、フライ、揚げ物に向いています。ボタンエビは甘く、殻にも風味がありますので、刺身や鬼殻焼きにするととてもおいしくいただけます。エビチリには、味がよく身が比較的柔らかいバナメイエビがおすすめです。

代表的な、家庭料理のエビチリ。ケチャップをベースに卵を加えた、どちらかというと子ども向けの味です。せっかくのエビの旨みを生かすのであれば、フレッシュトマトを使用するレシピをマスターしましょう。

OK

水島流レシピ

素材を吟味し、殻も利用する

料理法に合ったエビを選びましょう。殻や尾は捨てずに乾煎りして、出汁を取ります。

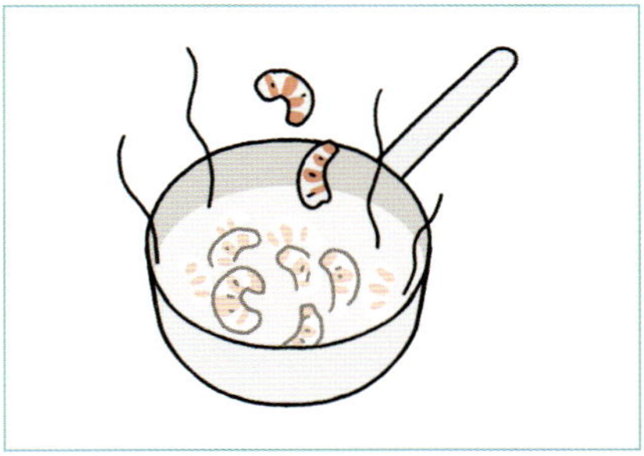

臭み抜きは温度と塩分が重要

58ページの要領で、臭み抜きをします。温度が高すぎると、エビがかたくなるので注意。

フレッシュな素材を使う

エビはもちろん、香り出しに使うしょうがやにんにくなども、トマトとよくマッチします。

NG

これが失敗の原因！

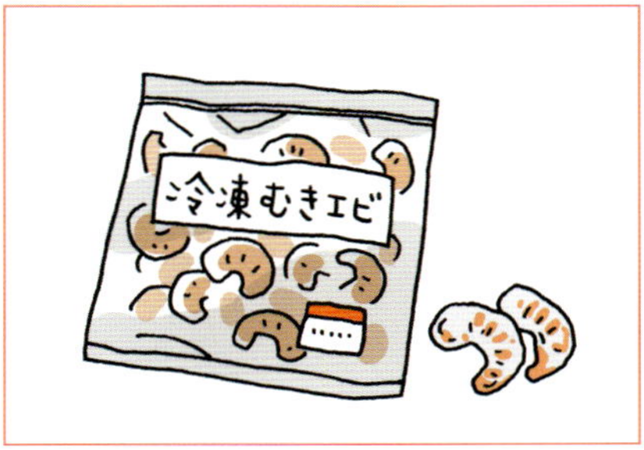

冷凍食品を使う

すべて下処理が済んで、大きさもそろった冷凍食品は、旨みもすっかり抜けてしまっています。

加工調味料を使う

人工的に甘みを増した加工調味料に、せっかくの食材の風味や旨みが負けてしまいます。

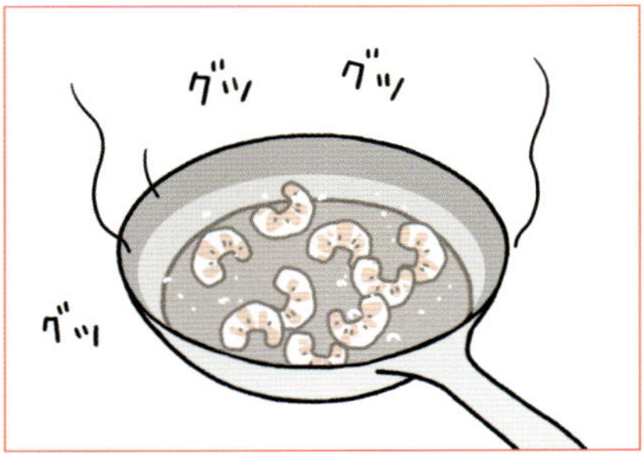

エビをグツグツと煮込んでしまう

エビは高温に弱いため、強火で焼いたりグツグツ煮込んだりすると、すぐにかたくなります。

水島理論

使えるところは全部使え！

エビの旨みは身だけでなく、殻や尾にもぎっしり詰まっています。使えるところは全部使うことで、料理の風味を増すことができます。

殻の処理

フライパンに入れ、弱い中火で乾煎りします。さらにスープやソースなどに入れて煮込めば、海鮮出汁のできあがり。

脚を取り、腹側から指を入れて殻をむきます。汚れていると生臭くなるので、流水でキレイに洗います。

背ワタ、尾の処理

尾は食べられますが、袋状になっていて水がたまっているため、油がはねます。斜めに切り落として水抜きをします。

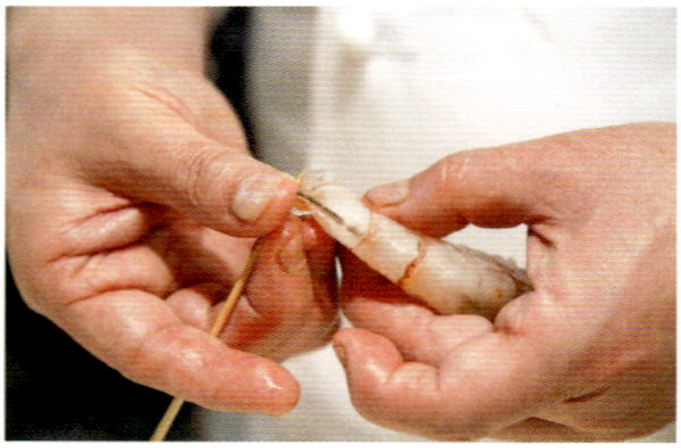

背を丸めて竹串を刺し、背ワタを抜き取ります。どうしても取れない場合は、包丁で切れ目を入れても可。

エビをまっすぐに

洋食屋さんで食べるエビフライのように、ピン！とまっすぐに仕上げたい！そんなとき、自宅で簡単にできるテクニックをご紹介します。

エビの身の腹に、適宜浅めの切りこみを入れます。

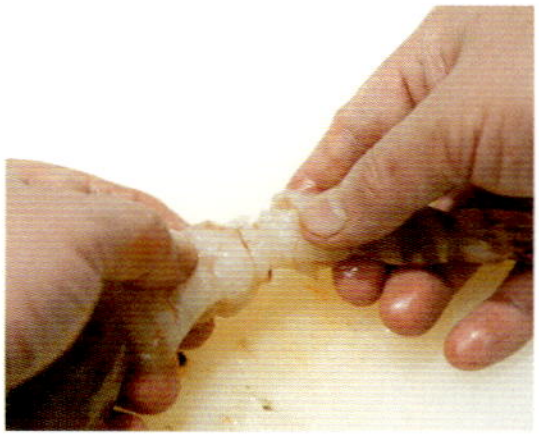

切りこみを広げます。この部分につなぎの小麦粉を詰めます。

新鮮で旨みたっぷり！

エビチリ

つくり方

1 60ページの要領でエビを処理する。トマトと長ねぎはみじん切りにしておく。

2 0.8％の食塩水にエビを浸して鍋に入れ、弱火にかけて、35℃で火を止めてふたをする。

3 ふたを取って弱い中火にかけ、65℃まで加熱したら水を切る。

4 フライパンにサラダ油をひき、エビの殻を弱い中火で炒める。火を止めてフライパンでみじん切りにしたしょうが、にんにく、豆板醤を混ぜて30秒おく。酒を加え、弱い中火にかける。

5 トマトを加え、エビの殻を除く。中火で長ねぎと水80gを加えて煮る。

6 塩、砂糖、酢を加えて1～2分煮、エビを入れる。落としぶたをして中火で3～5分煮る。

7 水溶き片栗粉を加えて、仕上げにごま油をまわしかける。

材料（2人分） フライパンの直径18cm

エビ	7～8尾（100g）	塩	1.2g
しょうが	5g	（豆板醤の量により加減する）	
にんにく	5g	砂糖	3g
トマト	80g	片栗粉	3g
長ねぎ	30g	水	6g
サラダ油	15g	ごま油	5g
豆板醤	5g		
酒（紹興酒も可）	15g		
水	80g		
酢	4g		

Chapter 3

煮るのって案外難しい！

手間と時間がかかって敬遠しがちな“煮物”ですが、基本を押さえれば失敗知らず！　今日から食卓のヘビロテメニューに仲間入りです。

Contents

どうして

鶏肉がかたくなっちゃうの？

筑前煮

おいしい料理には適正な加熱時間と厳密な調味料の計測、しかるべき具材の切り方があります。筑前煮をおいしくつくるには、これらのテクニックがすべて必要になります。いい換えれば、煮物のスタンダードなのです。

Q 筑前煮が上手につくれません。いつも、ひと口大に切った根菜と鶏肉を、時間をかけて煮込んでいるのですが、煮汁は油っぽくなってしまうし、具材が柔らかくなるまで加熱すると、鶏肉はかたく縮んでしまいます。

A 鶏肉がかたくなるのは、煮汁で火を通そうとしているからだと思います。筑前煮など、品目の多い煮物をつくる場合は、それぞれの具材に下処理、つまり皮をむいたり、切ったり、下茹でしたりすることが必要になります。目的は、調味の前にすべての具材を同じ時間で火が通る状態にしておくためです。

Q 下茹でが必要な具材を教えてください。

A 筑前煮の場合、ほとんどすべての具材に下茹でが必要です。根菜は、味がしみこみやすい状態にするために、下茹での段階で細胞を壊しておきましょう。そのためには沸騰したお湯で下茹でする必要があります。それぞれの所要時間は69ページのレシピに記載しましたが、基本的には柔らかくなるまで茹でます。こんにゃくはアク抜きですから、熱湯にサッとくぐらせるだけで十分です。さやえんどうも2分くらいで水に取り、発色を際立たせます。水は冷やさず常温が適当です。鶏肉は17ページの要領で、あらかじめソテーしておきましょう。

Q 鶏肉をあらかじめソテーしておけば、煮汁が油っぽくなるのも防げますか？

A もちろんです。煮汁の量も、ぐっと少なくて済みます。下茹でしたことによって根菜もすでに細胞が壊れて味がしみこみやすい状態になっていますし、鶏肉にも柔らかく火が通っています。ここまでできていれば、あとは少量の煮汁でサッと煮あわせるだけです。たっぷりの煮汁で煮込めば煮込むほどおいしくなるというのは、誤り。最後にさやえんどうを飾ります。

鶏肉がかたく縮む
さやえんどうがしわしわに
根菜がかたい
煮汁に油が浮く

特徴の異なる具材を、すべて一緒に煮汁で火を通し、味をしみこませようとすることにムリがある。切ったり下茹でしたりなどの下準備をきちんとしよう。

OK

水島流レシピ

正しい乱切りで素材をそろえる

形は不ぞろいでも大きさは同じ。これが乱切りの正解。断面も多く、味がしみこみやすくなります。

具材はそれぞれ、適正に下処理を

かたいものから順番に下茹でします。鶏肉のソテーやこんにゃくのアク抜きも忘れずに。

少量の煮汁で煮あわせる

すでに火が通り、細胞が壊れた具材なので、少量の煮汁でサッと煮あわせたらできあがり。

NG

これが失敗の原因！

乱切りは「乱れ切り」!?

大きさはまちまちで、断面は少ない「乱れ切り」。食べにくく、味もしみこみにくい切り方です。

肉と野菜を一緒に加熱する

同時に加熱すると、根菜が柔らかくなる前に鶏肉がかたくなってしまいます。

たっぷりの煮汁で煮込む

多量の煮汁で煮、なおかつ長時間おいておくと、煮汁に野菜の味が抜けてしまいます。

水島理論

切り物はスポーツである！

なぜ、スポーツなのか？　それは、スポーツも切り物もフォームが大切だから。
立ち方や構え、包丁の持ち方、一つひとつに「正しい形」があります。

切り物の姿勢

❷
❶の条件を満たすために、まな板に対して斜め45°に立つ
❸
肩の力を抜く
❹
ワキは軽くしめる
❶
包丁と右腕が正面から見てまっすぐ

姿勢のいい人は
料理も上手です。

切り方を変えれば料理が変わる！

料理の真髄はあくまで調味で、材料を切るのは料理以前の準備だと思っている人も少なくないでしょう。しかし、〝切る〟作業は、料理の出来映えを大きく左右します。

ここでマスターしてほしいのは、細胞をつぶさない切り方です。煮崩れしにくく、水分が出にくくなります。また、玉ねぎなどが必要以上に辛くなりません。

姿勢、構え、包丁の持ち方・動かし方が主なポイントになります。

包丁の使い方

いつもまな板に対して、正面に立っていました。

不必要な力が入ってしまわないように、「斜に構えた」ほうがいいですよ。

スイートスポット

包丁は３本の指で軽く握る

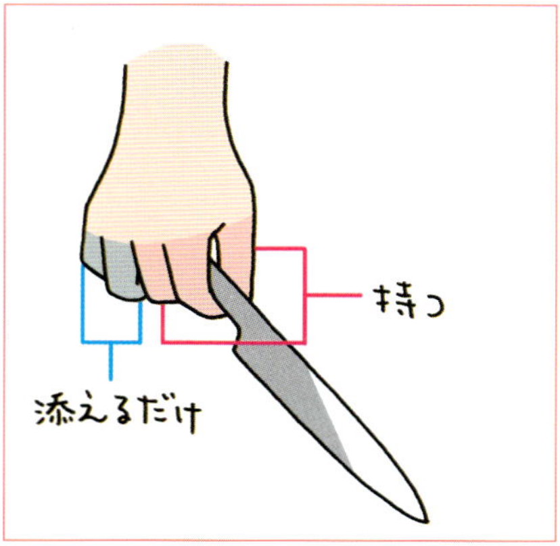
持つ
添えるだけ

あくまで包丁の重さだけで切ることができるように、また、具材に対して直角になるように、３本の指で持ちます。

テニスのラケットでいうスイートスポットを使う

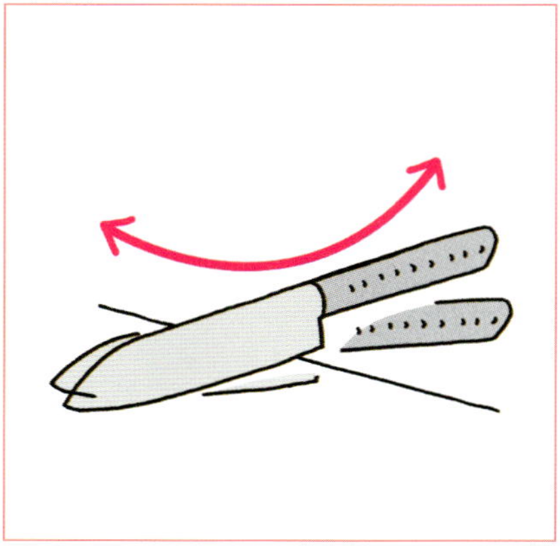

包丁をまっすぐに持ったときにまな板に触れるスイートスポットを中心に、力を入れずにスイングさせます。

水島理論

切り物の目的は食べやすくすること！

材料を切る目的は、風味や香りを出すことだけでなく、食べやすくすることにもあります。大きさを同じにすることが、どんな料理にも共通のポイントです。

さいの目切り

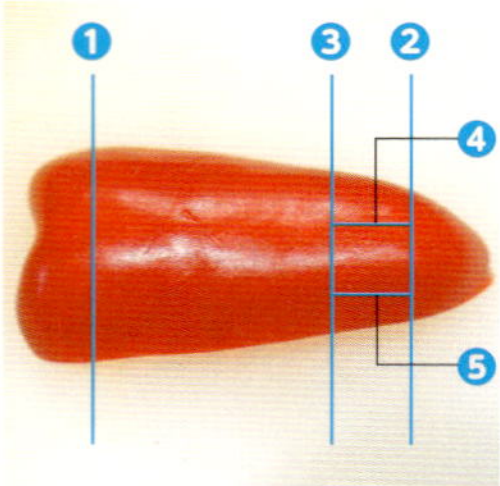
❶
❸
❷
❹
❺

真ん中の長方形になる部分を残し、頭とお尻の部分をまず、切り落とします。

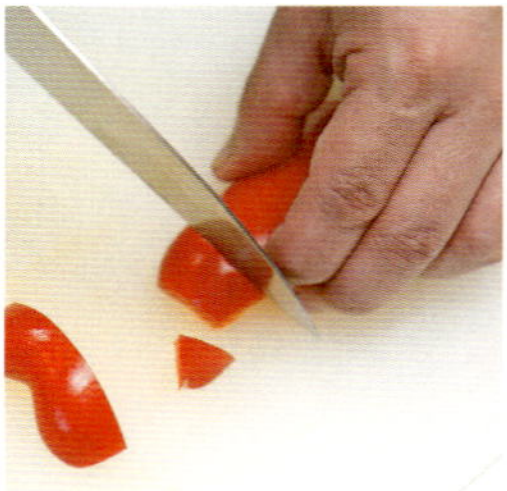

❷で切ったお尻の大きさにそろえて、❶、❸で切った部分を縦横等分に切ります。

残りの真ん中の正方形部分も、同じ大きさにそろえて、縦横等分に切ります。

みじん切り

❶
❷

丸い形の玉ねぎは、繊維に沿って切り始めます。繊維をつぶすと辛くなるので注意。

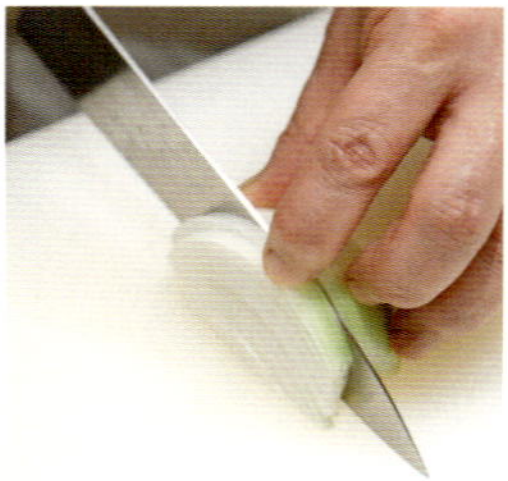

繊維の幅は、だいたい2～3㎜です。断面から縦に切っていきます。

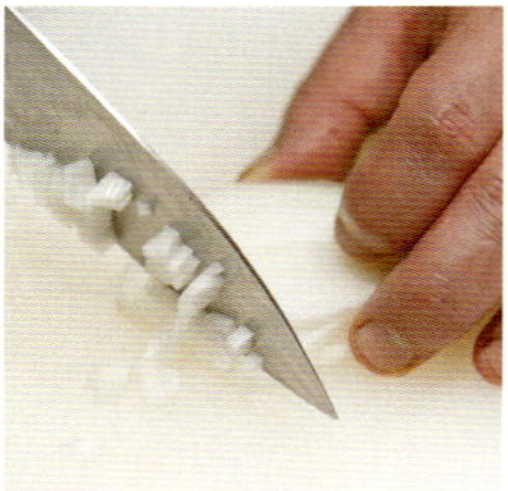

スライスした玉ねぎを横に倒し、繊維に対して直角に切っていきます。

乱切り

根菜の切り方です。煮物向き。味がしみこむように断面を大きく取りましょう。

断面を上にして対角線に切ることで、大きな断面を確保します。

数をこなせばこなすほど上手になるところも、スポーツに似ていますね。

ごろごろ野菜が豊富に入った

筑前煮

つくり方

1 ごぼう、にんじんは3cmの乱切り、れんこんは7mmの薄切り、しいたけは4つ割り、こんにゃくは3mm幅の切りこみを入れて1.5cm角、鶏肉は3cm角に切る。さやえんどうは筋とへたを取る。
2 沸騰したお湯でごぼう、にんじん、れんこんを2分下茹でする。
3 こんにゃくを1分茹でる。
4 さやえんどうは1.7%の塩水を沸騰させて2分茹で、水に取る。
5 フライパンにごぼう、にんじん、れんこん、しいたけを入れてサラダ油をまわしかけ、なじませたら弱火で10分炒める。
6 酒と砂糖を加えて弱い中火に。
7 鶏肉に重量の0.8%分の塩をし、17ページの要領で焼く。
8 6に3、7、水、しょう油を加え、落としぶたをして弱い中火で煮詰め、10分蒸らして完成。

材料（1人分）　フライパンの直径18cm

鶏もも肉	120g
塩	鶏肉の重量の0.8%
にんじん	50g
ごぼう	50g
れんこん	40g
しいたけ	40g
こんにゃく	60g
さやえんどう	4本
酒	50g
水	50g
砂糖	6g
濃口しょう油	10g
サラダ油	

どうして

魚が生臭くなっちゃうの？

カレイの煮付け

処理の仕方を間違えると、途端に生臭くなる魚料理。苦手意識をもつ人も少なくないようです。正しいさばき方を覚えて、ふっくら柔らかい煮魚や、旨みの詰まったつみれ汁に、ぜひ挑戦してみてください。

Q 魚の煮付けやつみれ汁の上手なつくり方を教えてください。煮込むとボロボロして、すぐに崩れてしまいます。

A 魚に火を通しすぎています。魚の細胞の膜のコラーゲンがゼラチン化して柔らかくなることが、身が崩れる原因です。

Q 逆に、かたくなることもあるのですが、なぜですか？

A かたくなるのは急激に熱を加えたことが原因で、身のたんぱく質がぎゅっと縮むからです。結果として味のしみこむ隙間がなくなってしまいます。実はかたくなるのと煮崩れるのは、根本は一緒です。身がしまってかたくなった魚をさらに煮込んでいくと、たんぱく質の中のコラーゲンだけがゼラチン化し、柔らかくなって煮崩れが起きるからです。魚には筋肉のたんぱく質とコラーゲンを含む細胞膜のたんぱく質があり、それぞれがかたさやパサパサ感に影響を与えているのです。

Q 魚独特の生臭さを防ぐために、塩を振ったり熱湯をかけたりしているのですが、いまいちうまく臭みが抜けません。

A 塩を振ると魚が脱水して身がかたくなる原因になります。熱湯は除菌にはなりますが、臭みまでは抜けません。魚の臭みは内部にあるからです。うまく誘い出すためには、塩水につけて弱火で温度を上げていくようにします。マグロやカレイ、サバなどは、30～40℃くらいまで温度を上げた塩水の中に数分おくことで、臭みが抜けます。

Q つみれをうまくつくる方法を教えてください。

A 魚に塩をして、包丁でつぶすようにしてたたいてください。フードプロセッサーでは、魚の肉同士がうまく結着しません。73ページで詳しく説明していますので、チャレンジしてみてください。臭いが気になるなら、フライパンで焼いてから汁に入れると香ばしくなります。

つみれが崩れて油浮きが……

うまく結着していないつみれを煮汁で加熱。崩れて油が浮いてしまいます。

身がかたくなり味がしみない

塩を振って、強火で加熱。身がかたくなって味がしみず、煮汁は煮詰まります。

OK

水島流レシピ

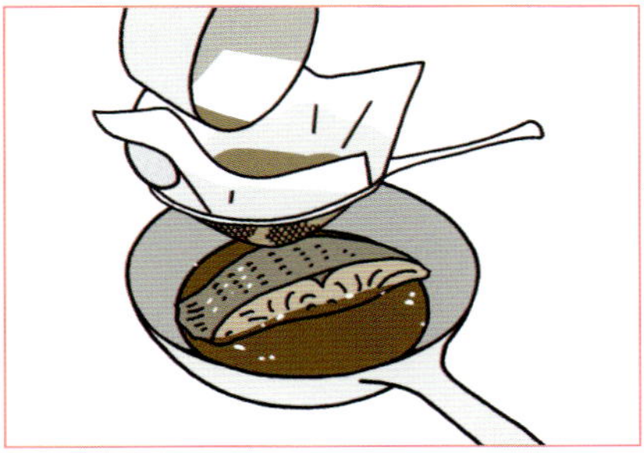

弱火でじっくりと火を通す

温度を上げすぎないように弱火で調整しながら、じっくりと火を通します。

包丁でたたく

魚に塩をして包丁でつぶすようにたたくと、粘りが出て結着しやすくなります。

NG

これが失敗の原因！

煮汁を強火で煮立てる

煮汁の温度が高いため、たんぱく質が急激に縮んでかたまり、水分が居場所を失います。

フードプロセッサーを使う

フードプロセッサーだけでつみれをつくろうとすると、うまく結着しなくなります。

スーパーの対面鮮魚を活用しよう！

水島理論

魚臭さを除いて旨みを残せ！

まずはじっくりと魚の臭みを抜いて、次に味をしみこませます。ポイントは塩分と温度。煮汁の塩分を0.8%にして、ゆっくりと温度を上げていきましょう。

魚臭さを上手に抜く

「浸透圧」を利用して、臭みをしっかりと抜いていきます。
かわりにしみこませるのは煮汁。びっくりするくらい、柔らかく仕上がります。

1

冷ました煮汁、魚、しょうがのスライスをジッパー付き袋などに入れ、水を張ったボウルの水圧を利用して空気を抜きます。

2

鍋の底にペーパーをしき、水を入れます。1を沈めて弱火で40℃まで加熱し、火を止めます。ここで臭みを抜きます。

3

袋ごと魚をひっくり返して再度加熱。70℃まで温度を上げて火を止め、ふたをしてさらに5分おきます。

4

3の煮汁だけを、鍋に移します。弱火で10分程度加熱をし、90℃まで温度を上げて、アクを固めます。

5

フライパンに魚を移します。4の煮汁をペーパーで漉しながら入れ、中火にかけて煮詰めながら煮汁を絡めます。

ゆっくり加熱することで、身は柔らかく仕上がり、臭みも抜けます。

香ばしいつみれのつくり方

つみれ汁の成功の第一条件は、魚の身をうまく結着させること。
次に、ひと手間加えて臭みを抜きます。ここでは手開きの方法とともに紹介します。

いわしの頭側の中骨の上から親指を入れます。親指を骨に沿って尾に向けて移動させることで、骨と身を離していきます。

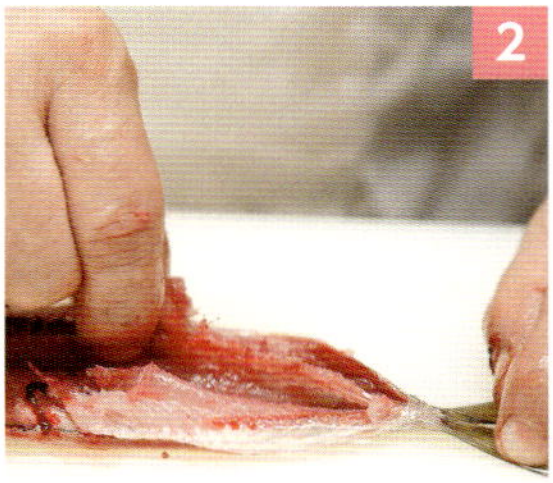

身が開いたら、親指と人差し指で、骨をしっかりと挟みます。身を骨からはがす要領で、骨を外します。

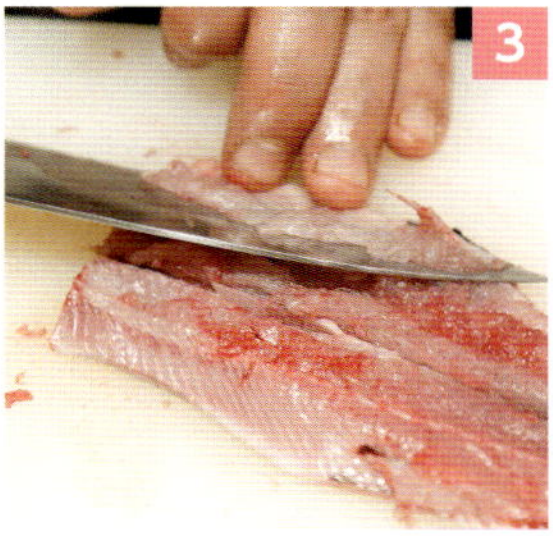

腹骨は、包丁を利用して落とします。なるべく薄くそぐようにして、骨だけをうまく取り除きましょう。

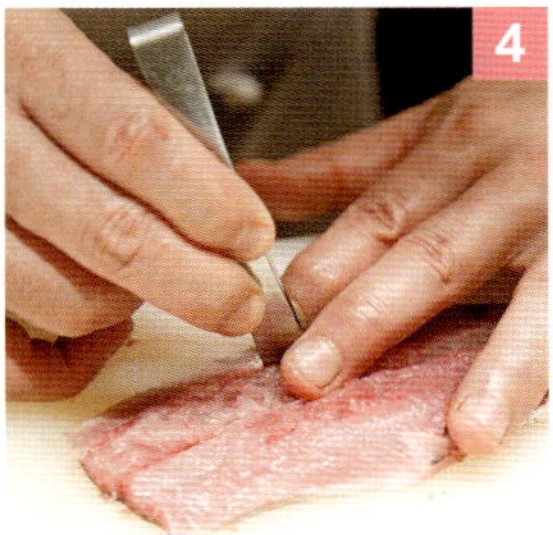

細かい骨が気になるようなら、ピンセットを使います。頭のほうに向かって抜けば、身はボロボロになりません。

つみれの材料の 0.8% 分の塩を振ります。包丁を使って、しっかりと身をつぶすようにしながら、細かくたたきます。

ある程度細かくなったら包丁を寝かせて刃元で身をつぶします。粘り気を出すことで、結着させます。

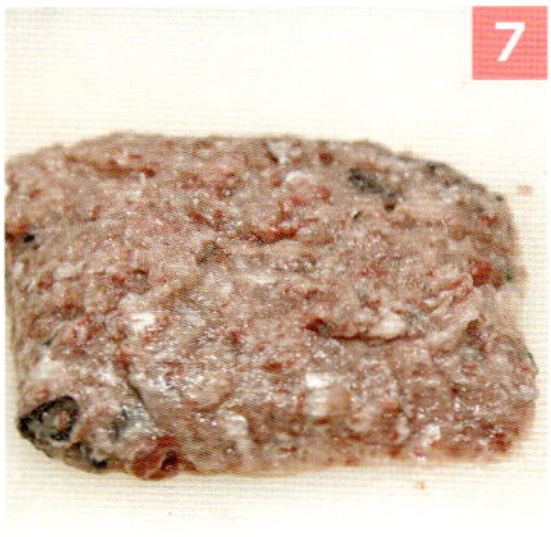

しっかりと粘りが出て、身が結着したら、しょうがや山芋、片栗粉などをお好みで混ぜ、量を見るために形を整えます。

つくねを成形します。6 等分にした7を、手のひらで、お団子をつくるようにキレイに丸めます。

フライパンに油をひいて8を入れ、弱火で両面を焼きます。脂が出ますが、これが臭みですので、ペーパーで拭き取ります。

口の中でほろっと崩れる

カレイの煮付け

つくり方

1 フライパンに酒、しょう油、砂糖、塩を入れて中火にかけ、アルコール分を飛ばして、冷やす。

2 ジッパー付き袋にカレイとしょうがの薄切り、1 を入れる。

3 鍋にペーパーをしき、2 と 2 が浸る程度の水を入れて弱火にかけ、40℃になったら裏返して5分おく。

4 再度弱い中火にかけ、70℃まで上がったら火を止めてふたをし、5分おく。

5 鍋に煮汁だけを入れて、弱火で90℃まで加熱する。

6 フライパンに袋から出したカレイと 5 の煮汁をペーパーで漉しながら移し、中火にかける。みりんを加え、煮詰めながら煮汁をかけて、てりを出す。

7 6 を皿に盛り、煮汁をかける。

材料（2人分） 鍋の直径 24cm

カレイ（切り身）	240g
酒	200g
しょう油	15g
砂糖	15g
塩	0.4g
みりん	10g
しょうが（薄切り）	2～3枚

香ばしく焼き付けた

いわしのつみれ汁

つくり方

1 73ページの要領でつみれをつくる。まずはいわしを1cm角に切る。山芋はすりおろし、せりは細かく刻む。

2 いわしに、つみれの材料の0.8%分の塩をし、身をたたく。

3 すり鉢に 2 の2/3の量を入れてすりこぎで突く。

4 3 に残りのいわし、卵白、山芋、せり、しょうが汁、片栗粉を加えて混ぜあわせ、6等分して団子状に整える。

5 多めのサラダ油をフライパンにひいて、4 を焼く。

6 鍋で酒を半量になるまで煮詰め、別の鍋にその酒と水、昆布を入れて10分おき、5 と塩、しょう油、しょうが汁を加えて弱火にかける。80℃まで加熱したら昆布を取り出して火を止める。

7 器に盛る。

材料（2人分） フライパンの直径15cm、鍋の直径15cm

真いわし	2尾	水	300g
（18cmくらい1尾120g）		昆布	5g
卵白	10g	酒	30g
山芋	10g	塩	1～1.4g
せり	2本	しょう油	5g
しょうが汁	2g	しょうが汁	2g
片栗粉	5g		
塩	つみれ材料の重量の0.8%		
サラダ油			

シチュー

どうして ソースがダマになっちゃうの？

当たり前のようですが、シチューのおいしさは、ルゥがその9割を決定します。絶えず手を動かし、弱火でじっくりとつくりあげたルゥが成功すれば、もう勝ったも同然！　なめらかで舌触りのいいシチュー、つくってみませんか？

Q 小麦粉を炒める際に玉ねぎを加えていました。

A ルゥとはそもそも、粉（小麦粉）と油脂（バター）だけでつくるものです。それ以外のものが入ったら、それはすでにルゥではありません。小麦粉とバターを弱火で加熱し、なめらかに仕上げるホワイトルゥ、敢えて焦げ色を付けて仕上げるブラウンルゥの2種類があります。

Q ダマにならないようにする方法を教えてください。ふるいにかけたりしていますが、なかなかなめらかに仕上がりません。

A 小麦粉をふるう目的は、小麦粉のかたまりを均一な状態にすることです。一方、ルゥがダマになるのは、そこに原因はありません。先述しましたが、ルゥとは加熱することによって変化させた小麦粉と、バターを混ぜあわせたもののことを指します。小麦粉に含まれているグルテンは、カプセル状になっていますが、加熱するとカプセルが開き、外に出てきてバターと混ざりあいます。このときに大切なのは、加熱の環境（条件）を一定にすることによって、すべてのグルテンをカプセルから等しく出してあげることです。

Q 加熱の環境（条件）を一定にするとはどういうことですか？

A グルテンのカプセルが開く温度は65〜70℃です。同時にこれは、バターと小麦粉がうまく混ざりあうための、適切な温度でもあります。80℃以上になるとカプセルの開き方にムラができるため、ザラザラしてしまい、舌触りが悪くなる原因となります。逆に55℃未満だとグルテンのカプセルがうまく開かず、ダマの原因となってしまいます。

Q うまく混ざったかどうか、判断する方法を教えてください。

A 鍋底に木べラで線を引いてみてください。スーッとキレイに描ければＯＫ。線がガタガタするのは温度が高いからです。

なめらかでクリーミーな仕上がり

バターと小麦粉だけを、適切に加熱しながら、じっくりと混ぜたルゥ。

玉ねぎに粉が絡んで全体的にダマダマ

バターと小麦粉が混ざる前に、玉ねぎに小麦粉が絡んでしまいます。

OK

水島流レシピ

NG

これが失敗の原因！

バターと小麦粉だけを混ぜる

油脂と粉を適切に加熱すれば、おいしいルゥになります。

炒めるときに玉ねぎを使う

玉ねぎに小麦粉が絡んでしまい、ダマになる原因になります。

なめらか〜

ゆっくりと時間をかける

ゆっくり時間をかけて弱火で炒めれば、サラサラのルゥに。

チャッ
チャッ

短時間でサッと炒めようとする

粉気を飛ばすために、短時間でサッと炒めようとすると、ベタッと重いルゥになってしまいます。

温度管理が肝心ですから、料理用の温度計を用意しておくといいでしょう。

ずっと玉ねぎを使っていました……。ダマになるのは当たり前だったんですね。

水島理論 シチューの味はルゥで決まる！

シチューの味は、ルゥが決め手。具材は別に仕立てます。寒い冬に食べたくなるようなじんわり温まるやさしいシチューのつくり方をご紹介します。

ホワイトルゥのつくり方

しっかり混ぜて焦がさないようにするためには、厳密な温度管理が必要です。
ダマができないように細かくゆっくり手を動かし続けます。

材料（3～4人分）

薄力粉	20g
無塩バター	20g
牛乳	500g
塩	3g

1

鍋にバターを入れ、超弱火で3～4分、65～70℃になるまで加熱します。バターから泡は出ず、ゆっくり溶けていきます。

2

火を止めて薄力粉を加えたら、鍋底に線が引けるまで手早く混ぜあわせます。さらに5分おいてなじませます。

3

再び弱火で加熱し始め、フツフツしてきたら火からおろします。泡が落ち着いたら再加熱。これを繰り返すとサラサラに。

4

牛乳と塩を一度にすべて加えます。鍋底が焦げないように注意しながら、濃度が出てフツフツ沸騰するまで15分煮込みます。

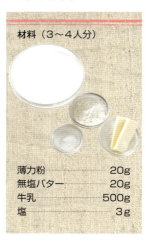

● ブラウンルゥのつくり方 ●

あえて薄力粉を焦がしてじっくり色を入れるブラウンルゥ。
たくさんつくって、冷凍保存しておきましょう。

材料

無塩バター	20g
薄力粉	20g
バルサミコ酢	30g
トマトジュース	80g

小鍋にバルサミコ酢を入れ弱火でとろみを付けます。5分の1くらいに煮詰めたら、火からおろします。

再び火にかけ、トマトジュースを一気に加えます。泡だて器でよく混ぜながら、加熱していきます。

別の鍋にバターを入れて、78ページと同様に65～70℃くらいで溶かします。火を止めて薄力粉を加えます。

3を手早く混ぜて、5分ほどおきます。再び弱火にかけて、鍋底にキレイな線が引けるくらいまで熱します。

さらに加熱。焦がさないように注意しながらルゥに色を入れ、火を止めて混ぜ、なじませます。

火加減に注意しながら、ルゥの色が、パンの耳の色くらいに濃くなるまで繰り返します。5～7回くらいが目安。できあがったブラウンルゥは、冷凍保存してもOKです。

5に2を一気に加えて混ぜあわせます。ここで木ベラからゴムベラにチェンジし、ゆっくりと手を動かし続けます。

ゴムベラで、焦がさないように、ゆっくりと煮詰めた状態。写真のようなペースト状になったら完成。

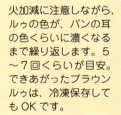

ごろごろ具材が楽しい

鶏のホワイトシチュー

つくり方

1 玉ねぎは1cm幅の薄切り、にんじんは2cmの乱切り、鶏肉はひと口大にそれぞれ切る。

2 78ページの要領で、ホワイトルゥをつくる。

3 沸騰した湯でブロッコリーを3分、にんじんを5分下茹でする。

4 鍋にサラダ油をひき、玉ねぎ、3、縦に2つに割ったマッシュルームを弱火で10分ほど炒める。

5 鶏肉に重量の0.8%の塩をし、17ページの要領で焼く。

6 鶏肉を取り出し、フライパンに酒を加えて1/4まで煮詰める。

7 4に6、2をあわせて弱火にかける。フツフツしだしてから5分煮、ふたをしてさらに2分煮たら、5分蒸らす。

8 器に盛る。

材料（1人分） 鍋の直径18cm

鶏もも肉……100g
塩……鶏肉の重量の0.8%
玉ねぎ……30g
にんじん……30g
ブロッコリー……30g
マッシュルーム……30g
酒……30g
サラダ油
こしょう
ホワイトルゥ（78ページ参照）

ごちそうといえば、これ！

ビーフブラウンシチュー

つくり方

1 牛肉はひと口大、玉ねぎは5mm幅の薄切り、にんじんは2cmの乱切り、マッシュルームは4つ割りにする。

2 牛肉を焼き、赤ワインを加える。

3 別のフライパンにサラダ油をひき、牛肉以外の1を弱火で10分ほど炒める。

4 鍋に2、3、水を入れて中火で沸騰させ、アクを取り除く。

5 Aを加えて落としぶたをし、弱火にかける。沸騰後、1時間半煮込む。

6 79ページのルゥをつくる。

7 5に2/3の量の6を加えて1時間半煮込む。

8 ふたを取って30分ほどさらに煮込み、火を止めて1時間蒸らす。

9 皿に盛って完成。

材料（1人分） フライパンの直径18cm

牛肉（バラ、もも、肩、すねなど）……280g
にんじん……80g
玉ねぎ……80g
マッシュルーム……50g
赤ワイン……50g
水……300g
サラダ油
A｜塩……4g
　｜グラニュー糖……5g

タイム……3枚
こしょう……ミル3回転分

ブラウンルゥ
（79ページ参照）

どうして

イカがかたくなるの？

イカのトマトソース煮

イカは、実はとても加熱が難しい食材です。鮮度の高い素材を選んで、正しく下ごしらえをしておきましょう。ふっくらと柔らかい食感に、そのうえ旨みまで引き出せたら、大成功です。

Q 和食にも洋食にも使えますし、とってもおいしいイカですが、臭みを抜くために下茹ですると、ギュムギュムするというか、ゴムのような食感になってしまいます。

A 下茹での仕方が重要です。真水で、しかも熱湯で下茹でしていませんか？ これでは臭みは抜けずに、細胞が壊れ、水分が出てしまうことで、かたくなってゴムのような食感になってしまうのです。

Q では、上手な臭みの取り方を教えてください。

A イカも魚介類ですから、70ページでお話ししたように、低温の塩水で臭み抜きができます。イカの場合、0・8％の塩水を55℃くらいで加熱するといいでしょう。そもそも、イカはとても足の早い食材です。冷凍はできるだけ避けて、鮮度の高いものを選びましょう。冷凍食品コーナーにあるシーフードミックスも、使わないに越したことはありません。

Q 一緒に煮ている里芋などにはしっかり味がしみているのに、イカにはいまいち、しみていないのはなぜですか？

A 冷凍イカを使っていませんか？ 先ほど「できるだけ避けましょう」といいましたが、冷凍したものだったり、熱湯で下茹でしたりすると水分が流れ出てしまい、旨みも残りづらくなるからなのです。生のイカを処理し、塩水で臭みを抜いたら、弱火で軽く焼き付けてみましょう。この方法なら臭みは抜けても旨みは残りますし、弾力のある独特の食感を残すこともできます。

Q イカの下処理の、正しい方法を教えてください。

A くちばしや目、吸盤、生殖器以外なら、ほぼ全部を食べることができます。84ページで詳しく解説していますので、ぜひマスターしてください。

ソースがしゃばしゃばしてイカに絡まない
イカがかたく味がしみない
皮が縮んで食べにくい

下茹でなどの下処理を間違うと、うまくソースが絡まなかったり、食感がゴムのようになったりします。強火は絶対にNGです。

OK

 水島流レシピ

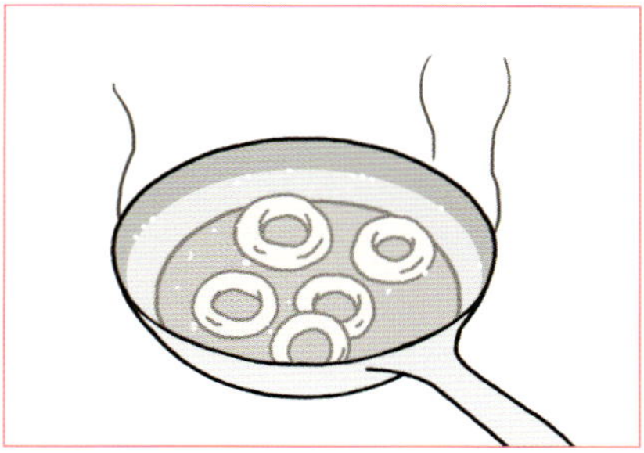

温度はゆっくりと上げる

0.8%の塩水でじっくり低温で加熱すれば、臭みを抜くことができます。

弱火でイカをソテーする

ゆっくりと温度を上げていくことで、臭みが抜けて、旨みが出ます。また、かたくなりません。

NG

これが失敗の原因！

熱湯で茹でてしまう

急激に温度を上げると、水分が流れ出てしまい、縮んで、かたくなります。

ジャーーッ

強火でイカをソテーする

強火でソテーすると、身が縮んですぐにかたくなってしまいます。

ぎっしり旨みが詰まった海の幸です。下処理の仕方さえ押さえれば、自宅でおいしいイカ料理が楽しめるようになります。

イカってどこまで食べられるのか、わかりません！ お店で食べるとおいしいのに、どうしていつもかたくなっちゃうのかなぁ。

水島理論

イカは1杯丸ごと使え！

イカは大きく3つの部位に分かれます。胴体、ゲソ、そしてワタ（はらわた）です。食べやすいようにそれぞれ下処理をして、1杯丸ごと味わいましょう。

イカのさばき方

複雑な形をしていますが、臭みを抜いて旨みを残し、食べやすくするのが下処理の目的です。しっかりマスターしておきましょう。

胴体をめくり、ワタと胴体のあいだの軟骨を親指と人差し指でつかみます。ワタごと軟骨を引き抜きます。

ワタの袋の上には、墨袋があります。破れないように注意しながら、手で引っ張って取り除きます。

生殖器にあたる、長いゲソの先は切り落とします。大きな吸盤はこそげ落としますが、神経質にならなくても大丈夫です。

くちばしは食べられないので、取り除きます。親指と人差し指でつまんで、押し出し、丁寧に洗います。

顔の部分と、ゲソを切り離します。くちばしと目を取り除き、ひと口大に切れば、顔の部分は食べられます。

胴体から、残った軟骨を取り除きます。1のように、親指と人差し指で引っ張れば取れます。最後、丁寧に洗います。

ワタのコクでまろやかに

イカのトマトソース煮

つくり方

1 イカは84ページの要領で下処理をして1cmの輪切りにし、フライパンで弱火にかけておく。

2 玉ねぎ、マッシュルーム、にんにくはみじん切り、セロリは3mm幅のそぎ切り、トマトは1cm角に切る。

3 フライパンにオリーブオイルをひき、にんにくと種を除いた鷹の爪を入れて弱火にかける。

4 玉ねぎ、マッシュルームを加え火が通ったら、セロリも加えてさらに2分ほど炒める。

5 酒を加えてアルコール分を飛ばしたら、トマトを加えて煮詰める。

6 5に1、Aを加えて5分ほど煮、イカのワタ（はらわた）を加えてさらに2分煮る。

7 器に盛る。

材料（1人分） フライパンの直径18cm

イカ	150g
玉ねぎ	50g
トマト	200g
セロリ	50g
マッシュルーム	30g
A 黒オリーブ	20g
A バジル	1枝
A 塩	3g
にんにく	7g
鷹の爪	1本
オリーブオイル	15g
酒	60g
イカのワタ（はらわた）	50g

どうして

キャベツの色が抜けちゃうの？

ロールキャベツ

キャベツの緑、トマトソースの赤が鮮やかなロールキャベツ。子どもにも大人にも大人気のメニューです。しっかり火が通り、素材の旨みが効いていて、なおかつ見た目もキレイ。三拍子そろったぜいたくレシピを紹介します。

Q 俵形にした挽き肉だねがコロンと飛び出してしまわないようにするためには、大きなキャベツの葉が必要です。いつもキャベツを1玉買ってきて、外側の大きな葉を、できるだけロールキャベツ用に取っておきます。

A 大きな葉を丸ごと茹でるのは大変です。また、ロールキャベツで使う4枚とか6枚の葉のために、わざわざ丸ごと買うのも不経済ですし、その後キャベツを消費するのも大変ではありませんか？　僕がおすすめするのは、4分の1カットのキャベツを重ねて、巾着状にする方法です。88ページに詳しく記載しましたので、ぜひチャレンジしてみてください。

Q しっかりと火を通そうと思って煮込むのですが、柔らかくなるどころか、キャベツの繊維が際立ち、かえって食べにくくなるような気がします。

A 煮込むと、キャベツ自体はくたくたに柔らかくなるのですが、葉の繊維が際立ってしまいます。そのため色も抜け、筋ばってくるのです。発想の転換で、焼いてみましょう。焼くと色鮮やかになり、甘みが増します。巾着にしたあわせ目を下にして焼けば、バラバラになることもありません。

Q 食べるときにお肉がボロボロと崩れてしまうのですが。

A 34ページからのハンバーグの節でも説明しましたが、肉同士をしっかりと結着させておかないと、ぐずぐず崩れる原因になります。挽き肉を麺棒やすりこぎなどで突いて、しっかりと結着させてから、キャベツの葉で包むようにしてください。これをフライパンで焼いたら、最後に、別につくっておいたトマトソースとサッと煮あわせましょう。見た目も鮮やかで、かわいらしいロールキャベツのできあがりです。素材の色がきちんと生きて、鮮やかに、とてもおいしく仕上がるレシピです。

ケチャップの油が溶け出してしまう
キャベツの色がすっかり抜けてしまう
繊維っぽくて噛みきれない

料理にも発想の転換が大切。煮てうまくいかないなら焼いてみて。繊維が残る、色が抜けるなど、いろいろな問題が一気に解決します。

OK

 水島流レシピ

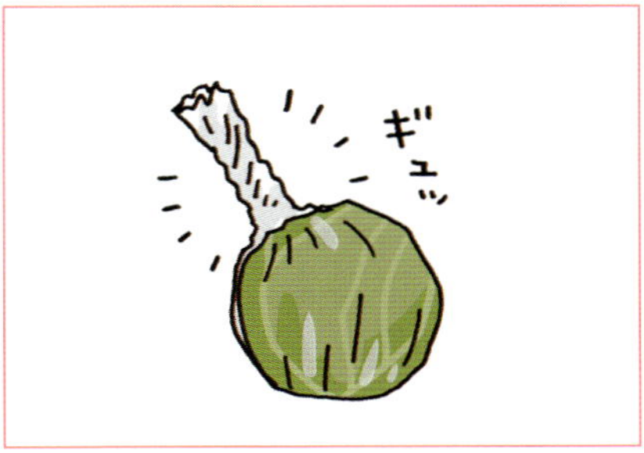

4分の1カットのキャベツで包む

小さな葉を重ね合わせてその上に挽き肉だねを置き、ラップでギュッと巾着にします。

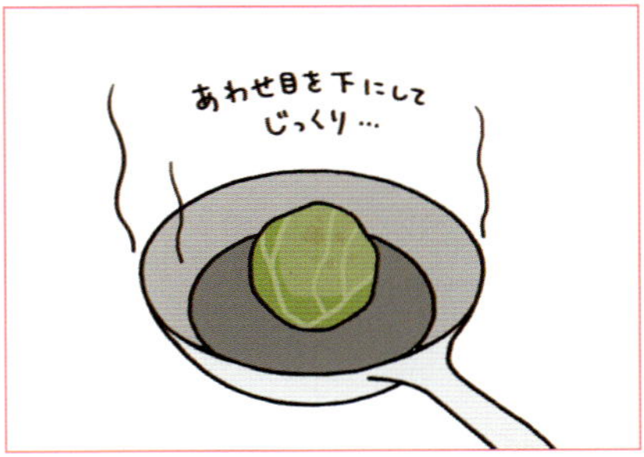

煮てダメなら焼いてみる

キャベツが色鮮やかに、そして甘くなり、挽き肉だねも柔らかいままです。

NG

これが失敗の原因！

大きなキャベツの葉1枚で包む

丸ごと1個のキャベツ、大きな鍋と大量の水が必要になります。

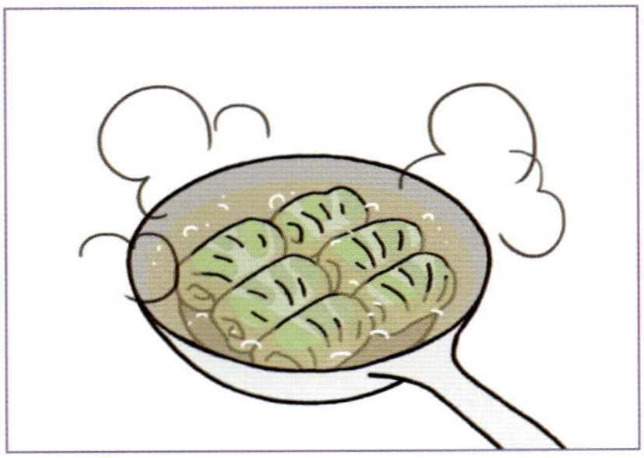

長時間煮込む

長時間煮込むと、キャベツの繊維が際立ち、色素が抜けてしまいます。

ロールキャベツは煮込み料理、煮込めば煮込むほどおいしくなるものだと思っていました。

鮮やかに仕上げたいなら、この方法にトライしてみてください。フレッシュ素材を使ったソースの上に、ロールキャベツをコロンとのせて。

ロール
キャベツ

水島
理論

丸のキャベツを買う必要なし！

コロンとかわいいロールキャベツを、色鮮やかに仕上げましょう。小さなキャベツで上手に挽き肉だねを巻く方法を紹介します。

キャベツの下ごしらえ

1 カットキャベツを用意

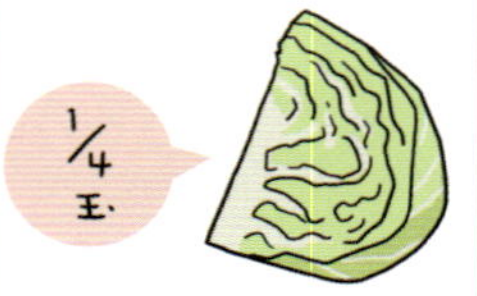

4分の1カットキャベツの葉を２人前なら８枚ほど用意する。大きな芯は取り除くか、そぐ。

2 0.7%の塩水で茹でる

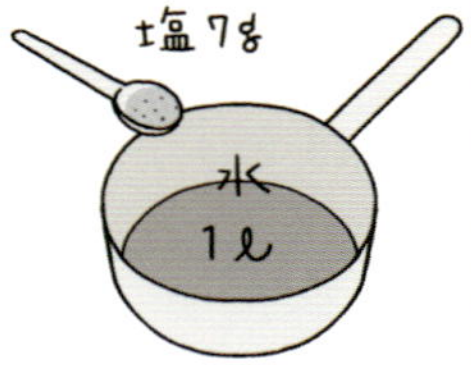

葉を洗ったら、0.7%の塩水で下茹でをする。しんなりとしたところで火を止める。

3 水に浸す

常温程度の水に浸し、粗熱を取る。水はあまり冷たすぎないほうが発色は鮮やかに。

4 塩をする

水分をよく拭き取ってからラップの上にキャベツを広げて、重量の0.8%の塩をする。

ロールキャベツ巾着テクニック

食器用ラップに、水気を拭いたキャベツを重ねあわせ、挽き肉だねをのせる。

食器用ラップをぎゅっとねじるようにして、巾着状にまとめる。

コロンとかわいらしく色鮮やかな

ロールキャベツ

つくり方

1 キャベツを 88 ページの要領で下処理する。

2 玉ねぎ、マッシュルームはみじん切り、トマトは 1cm角に切る。パン粉は牛乳に浸す。

3 挽き肉だねをつくる（→ P36）。フライパンにサラダ油をひき、玉ねぎが透き通るまで炒める。

4 2 のパン粉に溶き卵を加え、3 を合わせて重量の 0.8％の塩、こしょう、ナツメグを加え、手で軽く混ぜあわせて 2 等分する。

5 88 ページの要領で巾着にする。フライパンにサラダ油をひき、閉じ口を下にして弱火で焼く。10分ほどで裏返し、さらに 3 分焼く。

6 ソースをつくる。フライパンにバター、玉ねぎ、マッシュルーム、みじん切りにしたにんにくを入れて弱火で 5 分加熱し、酒を加えて煮詰める。トマト、水、塩、こしょうを加えて弱火で 5 分煮、落としぶたをしてさらに 5 分加熱。

材料（1 人分） フライパンの直径 18cm、鍋の直径 15cm

- 合い挽き肉……60g
- 鶏ももひき肉……20g
- 塩……0.7g
- キャベツ……100g
  (4分の1カットの葉を4枚)
- 玉ねぎ（みじん切り）……15g
- パン粉……5g
- 牛乳……5g
- 溶き卵……5g
- 塩……炒め玉ねぎ+パン粉+牛乳+溶き卵の重量の 0.8%
- 塩……茹でキャベツの重量の 0.8%
- こしょう……ミル２回転分
- ナツメグ……1g
- サラダ油

ソース

- 玉ねぎ……30g
- マッシュルーム……10g
- にんにく……2g
- 無塩バター……5g
- 酒……20g
- 水……20g
- トマト……100g
- こしょう
- 塩……0.8g

Chapter 4

みんな大好き！ 揚げ物

お弁当に夕食に、大人気の揚げ物ですが、「べちゃっとしてしまう」「中まで火が通らない」など失敗も少なくありません。ポイントはここでも火加減。徹底的におさらいしましょう。

Contents

どうして

外は焦げるのに中は生のままなの？

唐揚げ

おいしくてボリュームたっぷり、みんなが大好きな唐揚げのポイントは、ここでもやっぱり「火加減」です。Chapter3 までの水島流レシピが身に付いていれば、あとは簡単。おさらいのつもりでさっそくチャレンジしてみてください。

Q 気を付けていても意外とやってしまうのが、中が生のままという失敗。じっくり火を通そうとすると、今度は外側が焦げてしまって、材料を捨てたこともあります。絶対に失敗しない方法はありますか？

A 揚げ物ほど、温度管理に注意しなければならないものはありません。いつも油は何℃くらいで揚げていますか？

Q 測っていませんが、１８０℃くらいです。熱した油に衣を落として、すぐに浮きあがってくるくらいを目安にしています。

A 実は鶏肉を加熱する温度は、65℃くらいで十分なのです。加熱には2つの目的があって、ひとつは素材の中までしっかりと火を通すこと、もうひとつはおいしそうな揚げ色を付けること。失敗しない唐揚げにはこの両方が必須です。そのためには、冷たい油から徐々に温度を上げていくのがベスト。熱い油に入れたら、あっという間に火傷状態になります。最後に１８０℃の高温で、揚げ色を付けましょう。

Q 衣がはがれることも少なくありません。

A 22ページで説明したように、打ち粉はベースメイクと一緒です。つまり、薄く、均一にはたくことが大切で、それさえできていればつなぎの卵もまんべんなく付き、簡単にはがれることはありません。

Q お弁当のおかずにもよく利用しますが、時間がたつとますますベチャッとしてしまいます。冷めてもおいしい唐揚げのつくり方を教えてください。

A 2度揚げすることです。１度目の目的は、中までしっかり火を通すこと。料理用温度計で１００℃を超えるくらいが目安です。２度目の目的は揚げ色を付けることなので、１８０℃くらいで揚げるのが正解です。カラッと仕上がり、油切れもよくなります。

肉がかたく縮みあがる

同じ肉でも、揚げる温度が違うと、仕上がりはこれだけの差。半分くらいに縮んでしまいます。

中まできちんと火が通らない

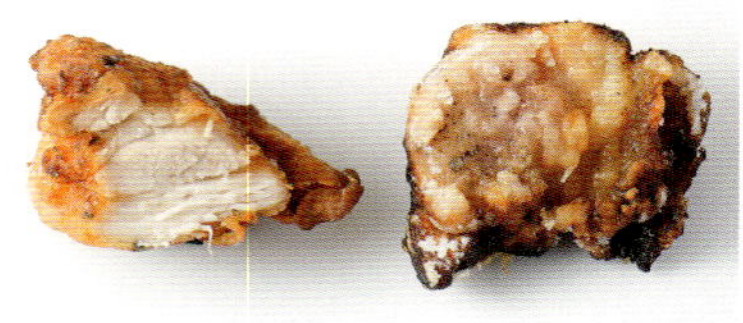

最初から高温で揚げると、すぐに外側が火傷状態になります。その時点では、中はまだ生です。

OK

水島流レシピ

低温からじっくり温度を上げる

冷たいフライパンに冷たい油と素材を入れて、弱火で加熱。柔らかいまま中まで火が通ります。

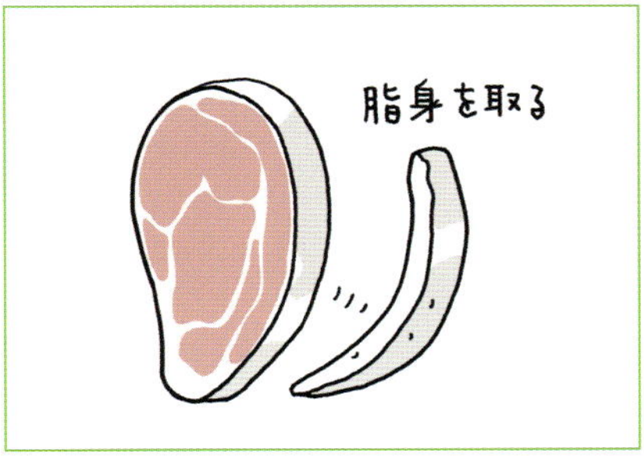

下準備で脂身をカット

衣で素材を閉じこめる調理法なので、ソテーとは違って、脂身はカットしておくのがベター。

見た目も美しいのが水島流

まっすぐなエビフライのためには適切な下処理が必須。詳細は 60 ページに記載しています。

NG

これが失敗の原因！

最初から高温の油で揚げる

「衣を油に落として、すぐ浮きあがったら」は間違ったタイミング。温度が高すぎます。

下準備のときに肉をたたく

繊維を切ろうとして肉たたきで肉をたたくと、細胞が壊れて水分が出やすくなります。

エビの尾を正しく切っていない

尾は斜めに切るのが正解ですが、なぜか切りこみを入れる人も。油がはねる原因になります。

２度揚げでサクサクの仕上がり

若鶏の唐揚げ

つくり方

1 鶏肉はひと口大に切る。

2 ボウルに 1 と A を入れて手でもみこんだら、B を加えて混ぜあわせ、15 分おく。

3 2 に 22 ページの要領で打ち粉する。

4 フライパンに、鶏肉と鶏肉が浸るくらいのサラダ油を入れて弱火～弱い中火にかけ、3 分程度加熱する。100℃を超えてからさらに 5 分揚げて、鶏肉を裏返す。裏返して 3 分揚げたらバットに鶏肉を取り出す。

5 4 のサラダ油の温度を 180 ～ 200℃まで上げて再度鶏肉を戻し入れ、1 ～ 2 分加熱して表面に揚げ色を付ける。

材料（1 人分）　フライパンの直径 18cm

	鶏もも肉	200g
A	塩	0.7g
	しょう油	10g
B	酒	8g
	砂糖	4g
	溶き卵	15g
	片栗粉	15g
	おろししょうが	10g
	おろしにんにく	4g
	こしょう	ミル5回転分

片栗粉（打ち粉）
サラダ油

黄金色の衣、柔らかな肉

とんかつ

つくり方

1 豚肉の脂身は包丁でそぎ取るか、薄ければ切りこみを入れる。

2 豚肉に、重量の 0.8%の塩とこしょうを振り、22 ページの要領で打ち粉する。

3 溶き卵にサラダ油を加えて混ぜる。豚肉をくぐらせて卵を切り、パン粉を付けて軽く押さえる。

4 フライパンにサラダ油を 1㎝の高さまで入れる。豚肉を入れたら、豚肉が浸るまでサラダ油を上からまわしかける。弱い中火～中火で揚げ、45℃になったら火を止めて 3 分おく。

5 再度弱い中火にかける。豚肉のまわりが白っぽくなってきたら裏返し、125 ～ 130℃になったら豚肉を取り出す。

6 **5** のサラダ油を 180℃くらいまで温度を上げて豚肉を戻し入れる。40 秒～ 1 分加熱して表面に揚げ色を付ける。

材料（1 人分） フライパンの直径 18cm

豚ロース肉 ……… 150g
塩 ……… 豚肉の重量の 0.8%
こしょう
薄力粉（打ち粉）
溶き卵
パン粉
サラダ油

肉厚のアジをカラッと仕上げる

アジフライ

つくり方

1 アジは三枚におろし、小骨を取り除く。
2 1に重量の0.8%の塩とこしょうを振り、22ページの要領で打ち粉する。
3 溶き卵にアジをくぐらせたら、卵を切り、パン粉を付ける。
4 フライパンに皮目を下にしたアジと、アジが浸るくらいのサラダ油を入れ、弱い中火で揚げる。アジのまわりから泡が出てきたら火を止め、9割くらいまで火が通ったら裏返し、30秒くらいで取り出す。
5 4のサラダ油を、再度火にかけて強火で180℃以上まで温度を上げる。アジを戻し入れて表面に揚げ色を付ける。

材料（1人分）　フライパンの直径20cm

アジ	2尾
塩	アジの重量の0.8%
こしょう	
薄力粉（打ち粉）	
溶き卵	
パン粉	
サラダ油	

ぷりぷり食感がたまらない！

エビフライ

つくり方

1 エビは60ページの要領で下準備をする。

2 1に、重量の0.8%の塩と、こしょうを振ったら、22ページの要領で打ち粉する。

3 溶き卵にエビをくぐらせたら、卵を切り、パン粉を付ける。

4 フライパンにエビとエビが浸るくらいのサラダ油を入れ、弱い中火で揚げ始める。

5 エビのまわりから泡が出てきたら裏返し、約1分で取り出す。

6 5のサラダ油を、再度火にかけて強火で180℃以上まで温度を上げる。エビを戻し入れて表面に揚げ色を付ける。

材料（1人分） フライパンの直径18cm

有頭エビ（イタリアンタイガー）……2尾
塩……エビの重量の0.8%
こしょう
薄力粉（打ち粉）
溶き卵
パン粉
サラダ油

ポテト
コロッケ

どうして 揚げると爆発しちゃうの？

さっくり茹でてつぶしたほくほくのじゃが芋を、カラッと揚げたコロッケ。シンプルなだけにやみつきにさせる魅力があります。工程は、じゃが芋を茹でる、たねを圧着させる、揚げる、の3つ。ひとつずつ解説していきます。

Q じゃが芋が水っぽくなってしまい、べちゃっと仕上がってしまうことがよくあります。

A まずは「じゃが芋を茹でる」工程から説明しましょう。ほくほくとした仕上がりを目指すなら、必ず食塩水で茹でて、水分がじゃが芋の中に入らないようにすることが大切です。真水で茹でると、逆に茹で湯がじゃが芋の中に入りこんでしまうため、水っぽい仕上がりの原因になります。あるいは、時間はかかりますが、焼き芋のようにオーブンで加熱するという方法も水っぽくならなくておすすめです。

Q 時短を狙って、じゃが芋を薄切りにしてから茹でています。

A 薄切りにするとどうしても水を含みやすくなりますから、もうひとつテクニックが必要です。それは、じゃが芋が柔らかくなると同時に茹で湯がなくなるように加熱時間と水と塩の量を計算しておくこと。さらに茹であがったじゃが芋を粉ふき芋のように乾煎りすれば完璧です。

Q 揚げるときの失敗について教えてください。ほかの揚げ物にはあまりありませんが、コロッケだけはたまに爆発してしまうことがあります。

A たねに空気が含まれていると、温度が上がって膨張するため、爆発の原因になります。ハンバーグのようにひき肉だけでたねをつくる場合は肉同士をしっかりとくっ付ける結着になりますが、コロッケの場合、しっかり握って空気を抜く、圧着がうまくいくことが条件です。

Q 揚げ方は唐揚げやとんかつなどと同じでいいのでしょうか？

A 大きな違いは、コロッケの場合、中にはすでに火が通っているということです。つまり、揚げる目的は外側の衣をカラッと仕上げることのみ。温度は最初から比較的高温の130℃に設定してください。表面に焼き色がキレイに付いたら完成です。

全体的に水っぽい仕上がりに

真水で下茹ですると、じゃが芋自体に水が入ってしまいます。また、具材からも水が出ます。

中身が爆発してしまう

圧着がうまくいかないと、空気が温まって膨張し、衣を突き破ってしまいます。

OK

水島流レシピ

NG

これが失敗の原因！

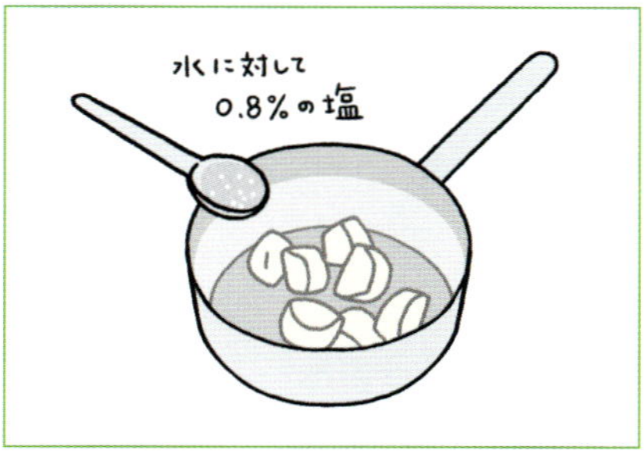

カットして食塩水で茹でる

0.8%の食塩水なら、中の水分が流出し、ほくほくとした仕上がりに。カットすれば時短になります。

真水で丸のままじゃが芋を茹でる

真水で丸のまま下茹でをすると、時間がかかるうえに、じゃが芋自体が水を吸ってしまいます。

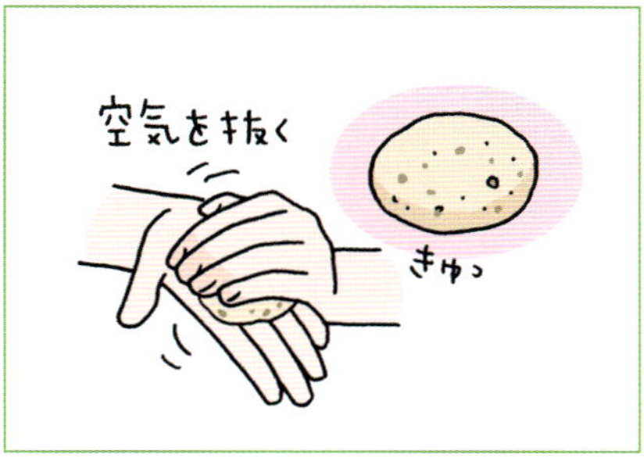

しっかり押さえて空気を抜く

手のひらを丸めず、真っ平らにしてたねを押さえ付けることで、空気をしっかりと抜きます。

たねに空気が入ってしまう

おにぎりを握る要領でたねを成形すると、空気が入って爆発の原因になります。

根拠のないイメージは、残念ながら失敗のもと。料理はロジック。一つひとつ解明していきましょう！

皮から茹でたりしていました！ そのほうがほくほくするようなイメージがあって……。

ポテトコロッケ

水島理論

下茹では水分と塩分の綱引き

じゃが芋料理はほくほくした仕上がりが身上。そのためには下茹でして、中の水分を流出させる必要があります。塩分で、中に水分が入りこまないようにしましょう。

粉ふき芋のつくり方

じゃが芋の下茹では、浸透圧のなかでも等張圧というものを利用しています。塩分と水分が拮抗している状態です。

フライパンで水を沸騰させたら、0.8%の塩を加えます。深い鍋を使わないことで、水の量も少なく済み、時短になります。

じゃが芋は皮をむき、1cmの角切りにします。1に入れて中火にかけ、串が通るくらい柔らかくなったら弱火にします。

残っていたら水を捨て、フライパンの水分を飛ばします。ゴムベラで柔らかくつぶしながらじゃが芋を乾煎りします。

オーブンを活用しよう

じゃが芋を洗って芽を取り除き、アルミ箔で包みます。180℃に予熱したオーブンで約40分加熱してください。

じゃが芋に串を通してみて、スーッと通るくらいの柔らかさが、火が通った目安。皮もそのまま、手でほろっとむけます。

オーブンを使うと、ちょっと黄色っぽく仕上がります。芋の色が増す感じですね。焼き芋のような甘みが残るので、試してみてください。

水島理論

空気が入るから爆発を起こす！

じゃが芋とひき肉という性質の違うもの同士を、しっかりとくっ付ける方法が圧着です。これがうまくいけば、揚げても爆発することはありません。

平らにした手のひら同士を、しっかりと押し付けあうようにして空気を抜きます。

OK

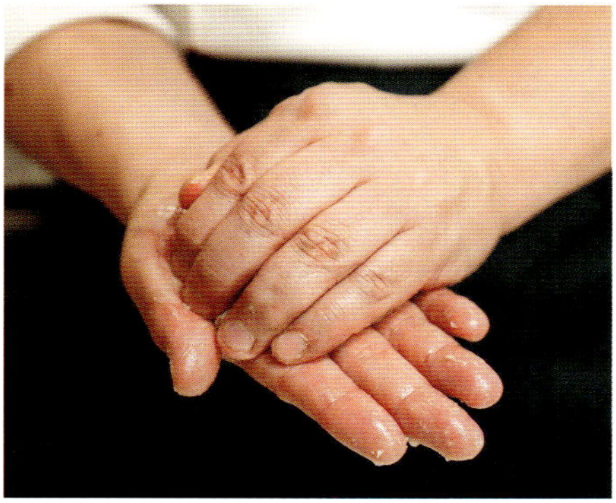

平らにした手のひらにたねをのせ、もう片方の手でぎゅっと押さえます。空気を含ませないことが成功の鍵です。

NG

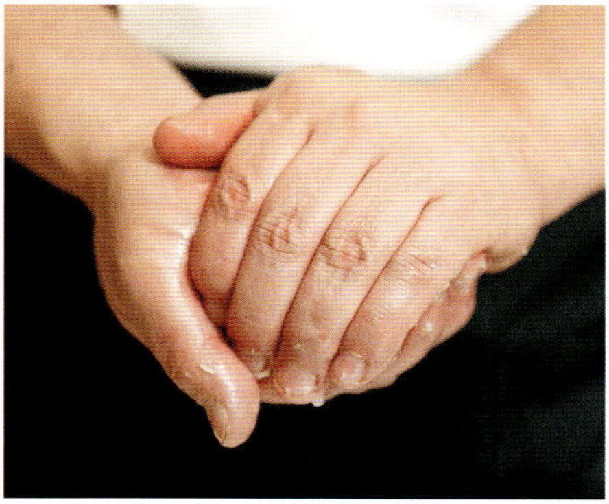

おにぎりを握るときのように指の関節を曲げて成形すると、たねに空気がたっぷり含まれてしまいます。

力ではないのですね！ぎゅっと握れば空気が抜けるのかと思っていました。手の形を覚えます。

なめらかなポテトに舌鼓！

ポテトコロッケ

つくり方

1 粉ふき芋をつくり、重量の0.8%の塩をし、半量をマッシュする。

2 フライパンに多めのサラダ油を入れ、挽き肉をほぐしながら弱火にかける。火が通って白っぽくなったら油をよく切って捨て、再度弱火で炒める。

3 2に玉ねぎのみじん切りを加え、表面が透き通るまで炒める。

4 3に重量の0.8%の塩を振る。1を加え、弱火にかけてなじませる。ナツメグとこしょうを加えたらバットに広げ、冷ます。

5 101ページの要領で成形し、22ページの要領で打ち粉する。溶き卵にくぐらせ、パン粉を押し付ける。

6 フライパンに5を入れ、コロッケの厚さの半分強、サラダ油を注ぐ。弱い中火で揚げ始め、数回反転させる。うっすら色付いたら中火にし、揚げ色を付ける。

材料（1人分） フライパンの直径24cm

じゃが芋（男爵）	中2個
塩	粉ふき芋の重量の0.8%
牛挽き肉	100g
玉ねぎ	90g
塩	炒めた玉ねぎと牛挽き肉の合計重量の0.8%
こしょう	適量
ナツメグ	1g
薄力粉（打ち粉）	
溶き卵	15g
パン粉	10g
サラダ油	

ビタミンカラーで元気一杯☆

ポテトサラダ

つくり方

1 玉ねぎ、にんじん、セロリ、きゅうり、ピクルスは5mm角に、ミニトマトは縦4つ割りに切る。

2 100ページの要領で、じゃが芋をオーブンで焼く。皮をむいて半分は漉し、残りの半分は7mm角に切る。重量の0.8%の塩を振る。

3 フライパンに0.8%の塩水を沸騰させ、玉ねぎ、にんじん、セロリ、きゅうりを30秒茹でる。冷水にくぐらせて水を切り、重量の1%分の塩を振る。

4 ボウルに生クリーム、こしょう、マヨネーズを入れて泡だて器であわせる。2、3とピクルスを加え、よく混ぜる。

5 皿にセルクルを置き、4をしいて型を取る。

材料（1人分） フライパンの直径18cm

じゃが芋（男爵）……100g
塩……皮をむいたじゃが芋の重量の0.8%
玉ねぎ……10g
にんじん……10g
セロリ……5g
きゅうり……10g
塩……茹でた野菜の重量の1%
ミニトマト……2個
ピクルス……10g
マヨネーズ……10g
生クリーム……5g
こしょう……適量

どうして バラバラになっちゃうの？

かき揚げ

そのまま食べても、ご飯にのせて丼にしても、お蕎麦と一緒に食べてもおいしいかき揚げ。薄衣で、サクッと軽い歯触りに仕上がったら大成功！　冷蔵庫のなかの余り物で、手早くつくれるのも魅力です。

Q 子どもと2人のお昼など、中途半端に余った食材を活用して、かき揚げ丼にすることがあります。けど、たいていは揚げている最中、鍋の中ですでにバラバラになっています。

A 理由のひとつは衣がきちんと付いていないことでしょう。すべての具に均一に、まんべんなく付けていますか？　まずは、小さめのボウルに具材を入れて、しっかり衣と混ぜあわせるように心がけてください。

Q 衣が原因ではなくて、たとえば揚げている最中に広がっていく場合はどうしたらいいでしょうか。

A これは裏技ですが、道具の特性をうまく利用するのも手です。たとえばセルクルを使う。あるいは、親子丼専用の親子鍋と同じ発想で、かき揚げ大のフライパンを使ってもいいでしょう。大きすぎない、適正な調理器具を使うことで、揚げている最中に具材や衣が広がりすぎるのを防いでくれます。

Q 野菜だけではなくて海鮮も入れています。かたくならない揚げ方を教えてください。

A 僕が今回ご紹介するのは少し変わった方法です。2つのフライパンを使います。ひとつはかき揚げの具に火を通すため、もうひとつはサクッと仕上げるためです。ひとつ目のフライパンでは弱火で油の温度を100℃くらいまで上げ、具材を揚げます。最終的には150℃くらいまで、このフライパンで温度を上げ、具材の中まで火が通ったら、もうひとつのフライパンに油ごと移します。強火で180℃まで温度を上げ、さらに1～2分揚げて油から取り出します。この方法だと、具材に加熱をするときは高温ではないし、カラッと揚げるときは短時間で済みます。そのため、かたくなりやすい海鮮も、ふわっと柔らかく仕上げることができるのです。

ほどよく
まとまっている
カラッとした
仕上がり
仕上がりが
べちゃっと
してしまう
具材が
バラバラに

水島流レシピ

OK

火を通すには小さなフライパンで

かき揚げ大のフライパンで中まで火を通します。具材も広がらず一石二鳥です。

ひと回り大きなフライパンに移す

油ごと移して温度を上げ、カラッと仕上げます。短時間で済むため、具がかたくなりません。

この本ではフライパンなどの直径をレシピに掲載しています。その大きさがその料理にはベストだからです。

これが失敗の原因！

NG

水島理論

調理器具のサイズにも理由がある

フライパンの大きさなど気にしたこともない、という人が大半だと思いますが、今日からその考えは捨てて。なぜそれを使うのか、知っておきましょう。

直径18cm、20cm、22cm、26cm などサイズの違うものを用意しておくとさまざまな料理に対応できます。

かき揚げの場合、直径18cmの小さめのフライパンを使います。弱火で100℃くらいに熱した油に、かき揚げを入れます。

油の温度が150℃程度になるまで2で揚げます。一方で、直径20cmの、もうひとつのフライパンを用意します。

具材に火が通ったら、用意しておいた直径 20cm のフライパンに、油ごと移して強火にかけます。揚げ色が付けば完成。

加熱でかたくなるという特性と広がりやすいという特徴を、同時にクリアします。名アイデアでしょう？

2 つのフライパンを使うなんて、すごく斬新ですね！

素材の味が生きる薄衣

かき揚げ

つくり方

1 エビは60ページの要領で背ワタを処理して3等分にする。ホタテはエビと同じ大きさに切る。玉ねぎは5mm幅の薄切りに、三つ葉は3cmの長さに切る。

2 **A**をふるって合わせ粉にする。**B**を混ぜあわせ卵液をつくり、ともに冷蔵庫で冷やす。

3 ボウルに**1**とトウモロコシ、塩を入れてよく混ぜる。

4 別のボウルに**2**を入れて泡だて器で混ぜあわせる。

5 **3**と**4**をあわせて106ページの要領で揚げる。

材料（1人分） フライパンの直径18cm、20cm

	むきエビ	30g（3～4尾）
	ホタテ	30g
	玉ねぎ	30g
	むき実のトウモロコシ	30g
	三つ葉	5g
	塩	1g
A	薄力粉	25g
	コーンスターチ	10g
B	溶き卵	8g
	冷水	35g
	酒	35g

サラダ油

Chapter 5

ヘビロテメニューは任せて！

食卓に登場する回数が多いのは「みんなが好きだから」「栄養バランスが取れているから」、そして何より「失敗なしでつくれるから」。百発百中の成功レシピを紹介します。

Contents

どうして パスタにソースがうまく絡まないの？

パスタ

野菜や肉、海鮮など、さまざまな具材をソースと一緒に絡めてつくるパスタは、栄養バランス満点の優秀なワンプレートメニュー。成功の大前提はパスタそのものをおいしく茹でること。基本中の基本からしっかりと押さえましょう。

Q 何をつくってもぼやけたり、濃すぎたりと、味がまちまちです。基本から教えてください。

A まずは茹で方から説明しましょう。出来映えにバラつきが出るのは、茹で方が適当で、そのときによって違うからです。水の量は量っていますか？

Q 大きな鍋にたっぷりの水を沸かしていました。

A まず、それほど大きな鍋は必要ありません。お湯が対流すれば十分です。また、水の量が適当だと塩加減も当然決まりませんよね？

Q ひとつまみ分くらいでしょうか。沸騰したときの泡を細かくするためと聞いたので、入れていればいいと思っていました。

A 塩水で茹でるのには2つの目的があります。ひとつは味付けです。とくにペペロンチーノなどのシンプルな味付けだと、このときの塩加減がすべてです。もうひとつの目的は塩析効果です。塩水で茹でることで表面にたんぱく質の壁をつくり、パスタに含まれる粉が溶け出るのを防ぎます。これがパスタの〝コシ〟になります。

Q ザルにあげてよく水を切り、調味しています。

A ザルにあげるとパスタの表面が乾いて温度が下がり、乳化が起こりませんので、ソースが絡みづらくなります。トングを使って、熱いうちにソースのフライパンに移し、手早く混ぜることで乳化を起こし、ソースとパスタをしっかりと絡めます。

Q 冷製パスタも同じ茹で方ですか？

A 冷製パスタの場合は塩析効果を逆手に取ります。真水から茹でることで柔らかく仕上げ、冷蔵庫で冷やしてちょうどいいかたさにしめます。また、パスタの表面にたんぱく質の壁をつくらせないことで、冷たいソースがしみこみやすくなります。

OK

水島流レシピ

塩は水の量の1.5%をきちんと量る

塩析効果と味付けを成功させるためには、塩を正しく量ることが必要です。

表示時間どおりに茹でる

しっかり火が通り、かつ、コシのあるパスタに仕上がります。

パスタが熱いうちにソースを混ぜる

トングを使います。ソースもパスタもまだ熱いうちに混ぜあわせるのがベストタイミング。

NG

これが失敗の原因！

茹でるときの塩が適当

塩が適当だと、味が決まらないばかりか、パスタにコシが出ません。

表示時間を守らない

パスタのコシは、茹で時間を短くしたら出るというわけではありません。

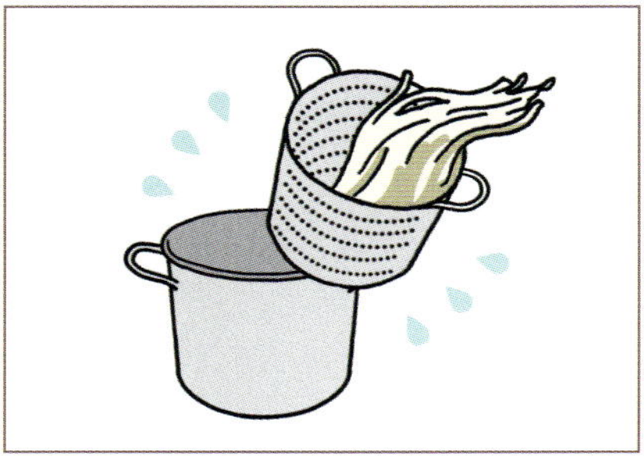

ザルに一気にあげる

パスタの表面が乾いて温度も下がるため、ソースと麺が絡みにくくなります。

まるでカルボナーラのように濃厚な

たらこクリームパスタ

つくり方

1 たらこの皮は取り除き、生クリームと混ぜあわせる。
2 鍋にたっぷりの湯を沸かし、110～111ページの要領でパスタを茹でる。
3 パスタが茹であがる30秒前になったら、フライパンに牛乳を入れて強火で煮立てる。必要であればこのタイミングで塩を入れる。パスタを加えて10秒なじませたら、火を止める。
4 3に1を加えて手早く混ぜ、真ん中に卵黄をのせてトングでつぶし、なじませる。
5 とろみが付いてきたら器に盛る。

材料（1人分） フライパンの直径20cm

パスタ（乾麺）……70～100g
茹で湯（1.5%の塩分目安で用意する）
たらこ……40g
生クリーム……20g
牛乳……30g
塩……0.2g（たらこの塩分により調整）
卵黄……17～20g

もちもちパスタとトマトの酸味

トマトの冷製パスタ

つくり方

1 にんにく、玉ねぎはみじん切り、ミニトマトはくし形切り、モッツァレラチーズは1cm角、バジルは3mm幅に切る。

2 フライパンににんにく、玉ねぎ、オリーブオイルを入れて弱火で炒め、ミニトマト120gを加えて弱い中火で煮詰める。

3 Aにモッツァレラチーズを加えて冷やす。

4 Bとミニトマト70gを混ぜる。

5 110〜111ページの要領で、パスタを、表示時間どおりに茹でる。冷製パスタなので、塩は入れない。

6 ボウルに、湯切りした5と2、3を合わせ、その重量の1%分の塩、こしょうを入れて混ぜる。冷蔵庫で冷やし、バジルと4を加えて混ぜる。

材料（1人分） フライパンの直径 20cm

パスタ（乾麺）……60g
にんにく……4g
玉ねぎ……40g
オリーブオイル……20g
ミニトマト……120g
塩……茹でたパスタと煮詰めたトマトの重量の1%
こしょう……ミル5回転分
モッツァレラチーズ……50g

A
塩……0.4g
こしょう……ミル4回転分
オリーブオイル……5g

ミニトマト……70g

B
塩……0.7g
砂糖……1.4g
オリーブオイル……5g
こしょう……ミル2回転分

バジル……2g

どうして

サラダ

ビシャビシャ くたくたしちゃうの？

青々とした菜やビタミンカラーのパプリカ、鮮やかに赤いトマト。大地と太陽のみずみずしさにあふれるサラダは、シャッキリ、さっぱりした仕上がりこそが理想。上手に仕上げる鍵は、ドレッシングの和え方にあります。

Q メイン料理の彩りや野菜をもう少し摂りたいと思ったときなど、食卓に上る頻度が高いグリーンサラダですが、すぐにしんなりして、葉物がくたくたしてしまいます。つくり置きはできないのでしょうか。

A 葉物のサラダをつくるときの基本中の基本は、いちばん最後にドレッシングで和えることです。ドレッシングには塩分が含まれているので、和えてから時間がたてばたつほど、野菜から水が出てしまいやすくなります。あらかじめ準備をしておくのは、野菜を洗って食べやすくちぎったり切ったりすること、そしてペーパーで水気をきちんと取っておくことなど。そして、食卓に出す直前にドレッシングで和えれば、ビシャビシャになるのを防げます。

Q ビシャビシャになるのはドレッシングのせいかな、と思っていました。

A そもそも、ドレッシングで味付けはしません。サラダの語源は「塩をしたもの」。この意味のとおり、サラダをおいしくつくる最大のポイントは、最初に素材を適量の塩で和えることなのです。一方、ドレッシングの語源は「ドレス」。あくまで軽やかにまとうことですから、香り付けで十分。目安としては大さじ1杯のオイルをベースにつくるくらいの量でちょうどいいのです。

Q グリーンに鶏のささみや生のサーモン、真鯛などを加えるときの注意点を教えてください。

A 魚は新鮮なものを正しくさばくのが基本です。鶏のささみを茹でる場合は、焼くときと同じように弱火を使います。焼くにせよ煮るにせよ、たんぱく質ですから、加熱でかたくなる性質は同じなのです。ゆっくり熱を加えていくことで、アクや臭みを取り除くこともできますし、柔らかく茹であげることができます。

ボウル１杯でドレッシングは大さじ１

ドレッシングは風味付け。瓶などにたっぷりつくってバシャバシャ使う必要はありません。

茹で方を間違えるとこれだけ縮む

沸騰させたお湯に入れてただ火を通しただけのささみは、ボロボロとして、かたくなります。

OK

水島流レシピ

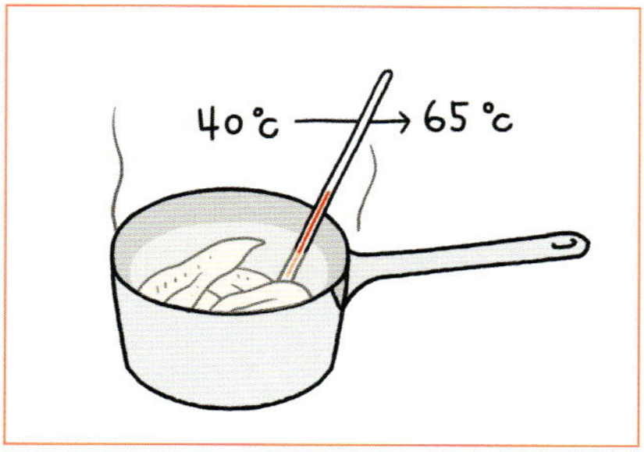

弱火でじっくり火を通す

温度管理を正しく行えば、まるでチーズのようにしっとりと茹であげることができます。

適量のドレッシングで風味付け

ボウル1杯のグリーンに対してドレッシングは大さじ1が目安です。

NG

これが失敗の原因！

沸騰したお湯でささみを茹でる

加熱してかたくなる性質は、煮る場合も焼く場合も同じです。

たっぷりのドレッシングに浸す

ドレッシング自体の水分に加え、塩分によって野菜から水が出て、ビシャビシャになります。

これくらいでOK！

ボウルの底に残らないくらいの量で十分です。

いままでドレッシングは、計量カップでつくっていました。100㎖くらいあったような……。ビシャビシャになるはずですね。

水島理論

3つのコントロールでしっとり仕上げる

コントロールすべきは、塩分、温度、時間の3つ。鶏のささみを、しっとりなめらかに茹であげる方法を紹介します。

1

水の量を量り、その1.6%の塩を加えます。小鍋で十分です。計量はしっかりと行いましょう。

2

鍋底からの急激な温度変化を防ぐためにペーパーをしきます。鶏のささみを入れて、弱火にかけます。

3

40～45℃くらいまで加熱して、ささみを裏返し、火を止めます。ここまででだいたい、7～8分が目安です。

4

ふたをして5分おき、余熱でしっかりと火を通します。急激に温度を上げるとすぐに縮んでかたくなってしまうためです。

5

再度、弱火で加熱します。肉の臭みやアクを出すためです。65℃まで加熱したら、再び火を止めます。

6

ふたをしてさらに5分おきます。取り出し、水気を切ったら粗熱を取ります。表面も切り口も、しっとり仕上がります。

高級チーズのようななめらかさ

鶏ささみのサラダ

つくり方

1 116ページの要領でささみを茹でる。

2 ボウルにAを入れて泡だて器で混ぜ、オリーブオイル（20g）を加えて混ぜる。

3 葉野菜はひと口大に切り、ぬるま湯に2分さらしてから水気を切る。

4 3に塩、こしょうを振って混ぜ、2の半量で和える。

5 ボウルに5mm角に切ったミニトマトとBを入れてスプーンで混ぜ、オリーブオイル（4g）を加える。

6 1のささみを6mmのそぎ切りにし、4とともに皿に盛る。5と残りの2をかける。

材料（1人分）　鍋の直径 18cm

- 鶏ささみ……50g
- 葉野菜（レタス、ベビーリーフなど）……40g
- 塩…鶏ささみの重量の0.8%
- こしょう
- A
  - マスタード……2g
  - ワインビネガー……10g
  - 塩……0.2g
  - 砂糖……0.2g
- オリーブオイル……20g
- ミニトマト……40g（2個）
- B
  - 塩……0.3g
  - 砂糖……0.3g
  - こしょう
  - ワインビネガー……2g
- オリーブオイル……4g

ビジューなおもてなしメニュー

サーモンマリネ

つくり方

1 サーモンとセロリは5㎜の幅の薄切りに、パプリカは食べやすい大きさに切る。スナップエンドウは筋を取り除く。

2 ボウルにサーモンと A を入れてスプーンで混ぜる。バットに広げて冷蔵庫で冷やす。

3 鍋にパプリカ、セロリ、ヤングコーン、ミニトマトと B を入れる。全体が浸る程度のサラダ油を入れて弱火にかける。トマトの皮がはじけたら火を止めて、バットに広げて冷蔵庫で冷やす。

4 鍋に 1.5% の食塩水（分量外）を入れて沸騰させ、スナップエンドウを2分茹でて冷水に取る。ペーパーなどで水気を切る。

5 皿に 2 と 3 を盛り、スナップエンドウをあしらう。

材料（1人分） 鍋の直径 24cm

サーモン（刺身用切り身）……50g

A
- 塩……サーモンの重量の 1%
- すだちのしぼり汁……2g
- オリーブオイル……4g
- ディル……1枝
- こしょう

赤黄パプリカ……各 20g

セロリ……10g

ヤングコーン……10g（1本）

ミニトマト……20g

B
- 塩……野菜の重量の 1.4%
- 砂糖……野菜の重量の 1.6%
- ワインビネガー……野菜の重量の 7%

サラダ油

スナップエンドウ……20g（2本）

どうして

巻いたお肉がはがれてしまうの？

肉巻きアスパラ

「失敗しないレシピ」の最後を飾るのは肉巻きアスパラガス。こんがりと焼きあげれば、お弁当にもぴったりのメニューです。食べやすく、そしてちょっぴり大人の味に仕上げるのが水島流。お酒のつまみにも、ぜひ。

Q お弁当に大活躍するのが、肉巻きアスパラガスなどの栄養バランスが取れていて彩りのいい料理。ただし、簡単にバラバラになってしまうのが難点です。

A まずは材料選びを工夫してみましょう。バラ肉には独特なおいしさがあって人気が高いようですが、焼くと旨みのもとである脂が流れ出てはがれやすくなります。ロース肉を使ってみましょう。また、片栗粉の使い方も工夫できます。粉のまま付けるのではなく一度水に溶いて、肉全体に均一に塗るようにしてみてください。焼くときは継ぎ目を下にして。これだけで格段にはがれにくくなります。

Q 肉の外側が焦げているのに、中の野菜が生だったり、表面は焦げていても何層にも巻かれた肉の中側が生だったりすることがあります。

A きちんと下茹でをしていますか？　アスパラガスやにんじんなど、かたい野菜には、事前に火を通しておきましょう。また、巻いた肉の中側に火が通らない場合は、火加減を工夫する必要があります。これも「弱火でじっくりと」が基本。強火で焼くと、外側が焦げても時間が足りないため、中にはまだ熱が到達しません。脂が一気に出るのも強火だからです。基本の火加減に立ち返って、中までじっくり、弱火で火を通してください。

Q しょう油と砂糖で味付けしていますが、煮詰まったような感じになって、仕上がりにムラが出てしまいます。

A 調味料の量と素材の重量が合っていないのだと思います。この料理は、素材の重量の1・1%が塩分、糖分はその5倍です。１２０ページに2人分の材料を掲載してありますので、まずはそのとおり計量してください。きちんと量れたら、あとは煮詰めすぎないこと。火からおろしてたっぷりとこしょうを振れば、できあがりです。

肉がすぐ
はがれてしまう
中まで火が
通らない

こしょうのさわやかな辛さが効いた

肉巻きアスパラ

つくり方

1 アスパラガスの下半分は皮をむき、豚肉の幅に合わせて切る。
2 豚肉に、塩を振る。
3 鍋に 0.8% の食塩水（分量外）を入れて沸騰させる。中火でアスパラガスを約 2 分茹でて湯切りする。
4 片栗粉を水で溶きのばし、豚肉の片面に塗り、アスパラガスを置いて巻く。
5 フライパンにサラダ油をひき、4 のとじ口を下にして並べ、弱火で焼く。
6 豚肉全体が焼けたらしょう油と砂糖を加え、フライパンを揺すって煮絡める。煮詰まったら火を止めて、皿に盛り、仕上げにこしょうをたっぷりと振る。

材料（2 人分） フライパンの直径 18cm

豚ロース肉（スライス）	170g
グリーンアスパラガス	4本（1本30g）
塩	1.2g
しょう油	10g
砂糖	16g
片栗粉	30g
水	45～50g
サラダ油	
こしょう	

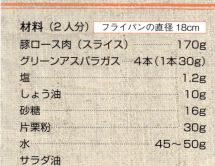

付録

失敗しない料理のために

料理には、切り物や調味のほかに、準備という要素があります。そして失敗しない料理のためには、準備がとても重要です。ここでは、どんな準備をしておけば失敗しないかを説明します。

失敗しない！
料理のセオリー

準備の段階から料理は始まっている！

キッチンをキレイに片付けたら、計量をします。レシピどおりに調味料を準備し、具材もそろえておきましょう。お手本になるのは、料理番組です。また、この本ではレシピの材料の箇所に、計測した「料理セット」の写真を掲載しています。この形に準備できれば、合格点です。

次に、調理器具と盛り付けるお皿を用意しましょう。「料理セット」を準備することで、全体の量が把握できます。つまり、どのフライパンを使えば適切か、どのお皿に盛ればキレイに見えるかがここで決まるということ。ここまできちんと準備してから料理をスタートすることが、「失敗しない料理」への第一歩なのです。

準備不足が失敗のスパイラルを呼ぶ

料理スタートの瞬間、必要なものがすべて目の前にそろっていますか？　計量↓切り物↓下準備↓加熱↓調味↓盛り付け。一連の動作に使うものだけを、整理して手の届くところにセットしておきましょう。

不必要なものが出ていれば、何かに引っかけて倒してしまったりします。また、どこに何があるかわからなかったり、使うものがまだ冷蔵庫にあったりすると、加熱時間が長くなりすぎるなど、おいしい料理に必須の「ベストタイミング」を失い続けてしまうことになります。

column

パニックになったら、一度全部片付けるのも手

料理教室を運営していてよく聞かれるのが失敗のリカバリー方法です。せっかく買いそろえた材料をムダにしてしまうのはもったいない、という気持ちが働くのでしょう。けど、料理の失敗は、たいていリカバリーはできません。

ですから、失敗してしまったらいっそのこと、全部片付けてしまいましょう。使ったものを洗い、調理器具をしまって、一度ゼロの状態に戻すのです。自分が次に何をすればいいのか、改めて見えてくるはずです。

1 道具を片付ける

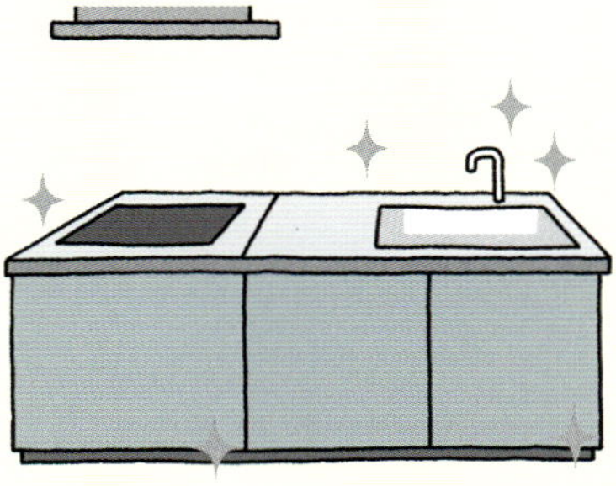

作業台の上に、まったく何も出ていない状態が理想です。ボウルやカトラリーなども陳列せず、つねに棚などに収納しておくことを心がけましょう。たとえ狭いキッチンでも、スッキリ片付いていれば、使いやすくなります。

2 材料をそろえる

各レシピの材料の箇所に掲載した写真を見本に材料をそろえましょう。調味料や具材をすべて計量して、トレーなどに配置します。料理に必要なものがわかるだけでなく、仕上がった際の量感や色味なども、ここでわかります。

3 お皿を選んでおく

お皿に対して、料理の量が多すぎても少なすぎても、おいしそうに見えません。また、使う材料でできあがりの色味もわかるため、料理の色が映えるお皿を選ぶことで、おいしい料理に、さらに花を添えることができます。

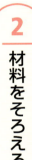

失敗しない！
料理のセオリー

これだけあればおいしい料理になる！

「3つの〝はかる〟」で絶対に失敗しない！

「3つ」とは、調味料および材料の重量、調理時間、加熱温度のこと。

すべての調味料は、できあがりの重量からすでに計算されています。レシピどおりに計測します。

次に調理時間。キッチンタイマーをひとつ用意しておけば、完璧です。

最後に、加熱の温度です。料理用温度計で測る習慣を付けましょう。時間と温度を管理することで、素材がかたくなったり、生焼けだったり、焦げてしまったりなどのトラブルを防ぎます。この3つを心がければ、料理に失敗することはなくなります。

正確に量る

計量スプーン

5cc、1cc、0.1cc。1ccで塩約1g。味は塩の種類で多少差が出ます。

電卓

塩加減の基本は、素材の0.8%、水の1.5%。計算機を使って、正しく計量しましょう。

スケール

素材やしょう油、油などを計量します。小数点以下まではかれるものが使いやすいでしょう。

column

道具の正しい扱い手入れの仕方を知る

調理用具が傷む原因は、強火調理のほか、手入れが悪いことも考えられます。たわしでゴシゴシこするのは止めましょう。

計量スプーンや調味料を計量する小さなタッパ、フライパンなどの汚れは煮沸消毒でも十分落ちます。大きな汚れを柔らかいスポンジで落としたら、強火で煮沸消毒しましょう。

正確に測る、計る

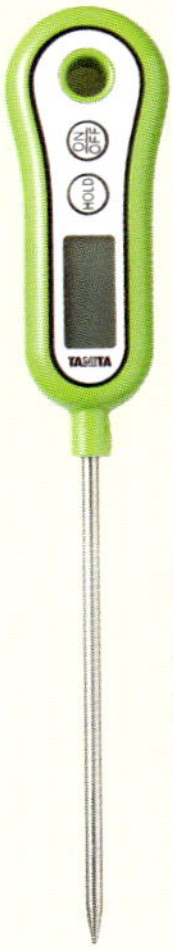
TANITA

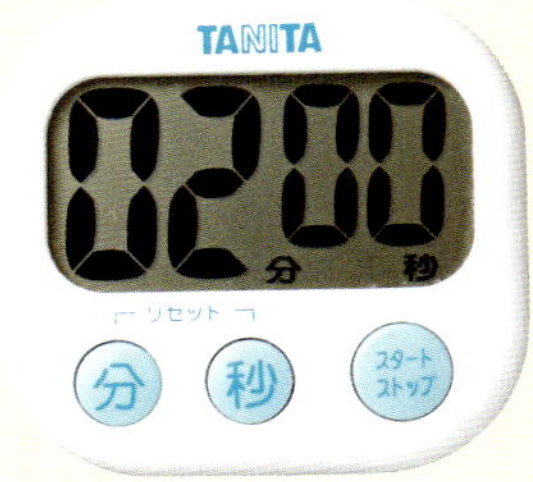
TANITA
0200
分
秒
リセット
分
秒
スタート
ストップ

キッチンタイマー

秒単位まで計れるものが基本です。キッチンにひとつあれば大活躍します。

料理用温度計

お湯の温度はもちろん、油も測れるものを。揚げ物の際の温度コントロールもバッチリです。

料理とは〝はかる〟こと。習慣にさえなってしまえば、あまり面倒に感じません。ちょこちょこ何でも〝はかる〟クセを付けて。

0
50
100
150
200
250
300
オーブンメーター
℃
SATO
SATO KEIRYOKI

オーブン用温度計

予熱や加熱する際に設定しますが、実際の温度とは違います。隅と中央でも温度は違います。

失敗しない！
料理のセオリー

レシピの正しい読み方を覚えよう！

失敗しない料理のための魔法の地図

「なんとなく味が決まらない」「そのときどきで味が違う」「同じレシピなのにいちばん最初につくったものがいちばんおいしかった」。こういった悩みはすべて、レシピを正しく読んでいないからこそ起こります。ただし、「正しい読み方」といっても、難しいテクニックや特別な何かが必要なわけではありません。思いこみや間違った常識、習慣などは一度全部忘れてレシピを素直にみること。これがいちばん大切です。

　レシピには5つの要素があります。「計量」「切り物（下準備）」「加熱」「調味」「仕上げ」です。「計量」は〝材料〟に記載されています。それ以外の4つの要素は〝つくり方〟に記載されていますので、慣れないうちは、4色のマーカーでそれぞれ囲んでみるといいでしょう。

　この本でいう「水島流レシピ」では、僕が何度も試しにつくってみて、ベストだと思えるものだけを紹介しています。つまり、材料の切り方、加熱時間、調味料の量、一つひとつに必ず理由や根拠、そして僕自身の経験があるのです。食感や香り、見た目も含めてどうすれば皆さんが「絶対失敗しない」のか、考え抜いています。まずはレシピどおりにつくってみてください。

column

料理本には特有のいい回しがある

「塩少々」などのあいまいな分量表記や「材料がかぶるくらいの水」などのケースバイケースの表記、「裏漉しする」などの専門用語。レシピはこんな表現であふれています。

　この「感覚」「あいまいさ」がまかり通っているレシピの場合、何度も試作を重ねてベストな分量を割り出さねばなりません。

　水島流レシピでは何度も試作を重ねたうえで、あいまいな表現をできる限り排除しています。だから絶対失敗しないレシピになっているのです。

加熱

素材を変化させる加熱は、時間や火加減を細かく指定しています。いちばん柔らかい状態で完全に火が通っていることを目指します。

切り物（下準備）

「4つ割り」「5㎜」などの細かい指定は、このあとの加熱時間や調味料の量に対するベストな大きさ。味や食感を左右する大切な要素です。

調味

少しの違いで味を左右するのが調味料。まずは分量どおりにつくってみてください。好みに合わせたいのであれば、塩以外で調整します。

仕上げ

料理は「見た目」も重要な要素です。色鮮やかに、そしてキレイに完成させるためのポイントが、ここに凝縮されています。

ごちそうといえば、これ！

ビーフブラウンシチュー

つくり方

1 牛肉はひと口大、玉ねぎは5㎜幅の薄切り、にんじんは2㎝の乱切り、マッシュルームは4つ割りにする。
2 牛肉を焼き、赤ワインを加える。
3 別のフライパンにサラダ油をひき、牛肉以外の 1 を弱火で10分ほど炒める。
4 鍋に 2、3、水を入れて中火で沸騰させ、アクを取り除く。
5 A を加えて落としぶたをし、弱火にかける。沸騰後、1時間半煮込む。
6 79ページのルゥをつくる。
7 5 に2/3の量の 6 を加えて1時間半煮込む。
8 ふたを取って30分ほどさらに煮込み、火を止めて1時間蒸らす。
9 皿に盛って完成。

材料（1人分） フライパンの直径18cm

牛肉（バラ、もも、肩、すねなど）……280g
にんじん……80g
玉ねぎ……80g
マッシュルーム……50g
赤ワイン……50g
水……300g
サラダ油
A 塩……4g
　グラニュー糖……5g
タイム……3枝
こしょう……ミル3回転分
ブラウンルゥ（79ページ参照）

一度レシピどおりにつくってみて、味が薄ければ調味料を足すなどの微調整を繰り返していけば、それが「自分のベストレシピ」になります。

そういえば、慣れてくると、計量や切り方、加熱時間なんかもいつの間にか適当になっていました。味が決まらないのも当然ですよね。

水島弘史（みずしま　ひろし）

1967年福岡県生まれ。大阪あべの辻調理師専門学校卒業。同校フランス校卒業後ジョルジュブランで研修を受け、帰国後東京恵比寿「ラブレー」に勤務。1994年より3年間シェフを務める。2000年7月、恵比寿にフレンチレストラン「サントゥール」を開店。のちに「エムズキッチンサントゥール」として2009年まで営業。2010年、麻布十番に場所を移し料理教室を主宰、運営、現在に至る。科学的調理理論を取り入れた独自の調理理論には多くのファンがおり、テレビなどでも引っ張りだこに。主な著書に『野菜いためは弱火でつくりなさい』（青春出版社）、『水島シェフのロジカルクッキング』（亜紀書房）、『水島シェフのロジカルクッキング2』（dZERO）、『だまされたと思って試してほしい 料理の新常識』（宝島社）などがある。

料理撮影　玉井幹郎
イラスト・漫画　上田惣子
装幀・本文デザイン　佐野裕美子
執筆協力　峯澤美絵
編集協力　佐藤友美（ヴュー企画）
編集　鈴木恵美（幻冬舎）

弱火コントロールで絶対失敗しない料理

2015年8月5日　第1刷発行
2016年5月30日　第2刷発行

著　者　水島弘史
発行人　見城 徹

発行所　株式会社　幻冬舎
〒151-0051　東京都渋谷区千駄ヶ谷4-9-7
電話　03-5411-6211（編集）　03-5411-6222（営業）
振替　00120-8-767643
印刷・製本所　図書印刷株式会社

GENTOSHA

検印廃止

ISBN978-4-344-02801-2 C0077
Printed in Japan
幻冬舎ホームページアドレス　http://www.gentosha.co.jp/
この本に関するご意見・ご感想をメールでお寄せいただく場合は、comment@gentosha.co.jp まで。